Caderno do Futuro
Simples e prático

Ciências

5º ano
ENSINO FUNDAMENTAL

3ª edição
São Paulo - 2013

IBEP

Coleção Caderno do Futuro
Ciências
© IBEP, 2013

Diretor superintendente	Jorge Yunes
Gerente editorial	Célia de Assis
Aseessora pedagógica	Valdeci Loch
Assistente editorial	Érika Domingues do Nascimento
Revisão	Luiz Gustavo Micheletti Bazana
Coordenadora de arte	Karina Monteiro
Assistente de arte	Marilia Vilela
	Tomás Troppmair
	Nane Carvalho
	Carla Almeida Freire
Coordenadora de iconografia	Maria do Céu Pires Passuello
Assistente de iconografia	Adriana Neves
	Wilson de Castilho
Produção gráfica	José Antônio Ferraz
Assistente de produção gráfica	Eliane M. M. Ferreira
Projeto gráfico	Departamento de Arte Ibep
Capa	Departamento de Arte Ibep
Editoração eletrônica	Departamento de Arte Ibep

CIP-BRASIL. CATALOGAÇÃO-NA-FONTE
SINDICATO NACIONAL DOS EDITORES DE LIVROS, RJ

P32c

Passos, Célia
    Ciências : 5º ano / Célia Maria Costa Passos, Zeneide Albuquerque Inocêncio da Silva. - 3. ed. - São Paulo : IBEP, 2012.
       il. ; 28 cm.   (Caderno do futuro)

    ISBN 978-85-342-3508-2 (aluno) - 978-85-342-3513-6 (mestre)

    1. Ciências - Estudo e ensino (Ensino fundamental). I. Silva, Zeneide II. Título. III. Série.

12-8665.
                                        CDD: 372.35
                                        CDU: 373.3.016:5

27.11.12 28.11.12
                                                  040999

3ª edição - São Paulo - 2013
Todos os direitos reservados.

Av. Alexandre Mackenzie, 619 - Jaguaré
São Paulo - SP - 05322-000 - Brasil - Tel.: (11) 2799-7799
www.editoraibep.com.br   editoras@ibep-nacional.com.br

Reimpressão Gráfica Cromosete - Janeiro 2016

SUMÁRIO

BLOCO 1 4
A atmosfera
Fatores atmosféricos e clima
Os padrões do vento
A influência da chuva, da neve, do granizo e da geada

BLOCO 2 12
As estações do ano
Os dias e as noites
Pontos de referência
As constelações dos hemisférios Norte e Sul
Bússola

BLOCO 3 19
As mudanças de estado físico
O calor do Sol nas mudanças de estado físico

BLOCO 4 22
A água na natureza
O ciclo da água
Interferências na trajetória natural dos cursos da água

BLOCO 5 27
As características do solo fértil
Os minerais na natureza
Separação dos componentes de uma mistura

BLOCO 6 33
As propriedades gerais da matéria
A reflexão da luz
As evidências da gravidade
O ímã
O magnetismo terrestre

BLOCO 7 42
Materiais combustíveis
Bons e maus condutores de eletricidade
Bons e maus condutores de calor
Bons e maus condutores de som
Materiais que permite ou impedem a passagem de luz
Corrente elétrica

BLOCO 8 51
Reprodução na espécie humana
As transformações na infância e na adolescência
Sistema nervoso
Os órgãos dos sentidos

BLOCO 9 62
As diferenças e semelhanças entre os animais
O comportamento animal
A alimentação dos seres vivos
A reprodução das plantas

BLOCO 10 74
Os efeitos da poluição sonora
A interferência do ser humano nas cadeias alimentares
O uso correto de medicamentos
Os perigos do fumo e do álcool
Os primeiros socorros

ATIVIDADE COMPLEMENTAR 85
Coleção de mamíferos do mundo

BLOCO 1

CONTEÚDOS:

- A atmosfera
- Fatores atmosféricos e clima
- Os padrões do vento
- A influência da chuva, da neve, do granizo e da geada

Lembre que:

- **Atmosfera:** é a camada gasosa que envolve a Terra, formada pelo vapor d'água e por gases. Ela mantém o calor da Terra, protege os seres vivos dos meteoros e dos raios ultravioleta.

Os gases presentes na atmosfera são muito importantes para a vida na Terra, veja alguns:

- **Oxigênio:** absorvido pela maioria dos seres vivos para obtenção de energia necessária à vida.
- **Gás carbônico:** essencial na produção do alimento de que as plantas precisam para crescer e se reproduzir.
- **Nitrogênio:** presente no ar, é fixado por bactérias e transformado em sais que são absorvidos pelas plantas e utilizados para formar proteínas.

- **Efeito estufa:** durante o dia, a radiação solar penetra na atmosfera e aquece a superfície da Terra. O excesso de calor que não pode voltar para o espaço, em razão dos gases poluentes liberados pelas fábricas, automóveis, ônibus, queimadas, etc. provoca a elevação da temperatura, o que altera as condições de vida no planeta. A isso chamamos efeito estufa artificial.

- **Camada de ozônio:** é a camada de proteção da superfície terrestre que filtra os raios ultravioleta do Sol que são nocivos para os seres vivos.

A atmosfera envolve a Terra. Mas não tem cor como nesta ilustração. Esse efeito é apenas para facilitar a visualização.

1. O que é a atmosfera e como é formada?

2. De que maneira a atmosfera protege os seres que vivem na superfície da Terra?

3. O que é o efeito estufa?

4. O que causa o efeito estufa artificial?

5. Complete a frase com as palavras do quadro:

> nocivos - superfície - ultravioleta
> proteção - ozônio

A camada de _____ filtra os raios _____ do Sol que são _____ para os seres vivos. Por isso, é uma camada de _____ da _____ terrestre e dos seres que nela vivem.

6. Pesquise que providências estão sendo tomadas para evitar danos à camada de ozônio. Anote as informações aqui:

Lembre que:

- **Clima** é o conjunto das condições atmosféricas de uma região.
  - Fatores que determinam essas condições: temperatura, pressão do ar, umidade relativa, direção e velocidade do vento, nebulosidade, quantidade e distribuição de chuvas etc.
- **Umidade relativa do ar** é a proporção de vapor de água no ar.
- **Meteorologia** é a ciência que estuda e prevê as variações do tempo.
- A **previsão do tempo** é importante porque várias pessoas dependem dela para realizar seu trabalho.
- O meteorologista trabalha na observação e na previsão do tempo. Na **estação meteorológica** são usados os seguintes instrumentos:
  - **anemômetro**: mede a velocidade ou a intensidade dos ventos;
  - **cata-vento**: indica a velocidade e a direção do vento;
  - **barômetro**: mede a pressão atmosférica;
  - **termômetro**: mede a temperatura;
  - **higrômetro**: mede a umidade relativa do ar;
  - **pluviômetro**: mede a quantidade de chuvas em certo lugar, em determinado período de tempo.

7. Quais são os fatores que determinam as condições atmosféricas?

8. Estabeleça a relação:

Clima	É a ciência que estuda e prevê as variações do tempo.
Meteorologia	É a proporção de vapor de água no ar.
Umidade relativa do ar	É o conjunto das condições atmosféricas de uma região.

9. Como se chama a pessoa que estuda as variações do tempo? E qual é a sua função?

10. Por que a previsão do tempo é importante? Onde é feita a previsão do tempo?

11. Escreva a utilidade de cada instrumento:

a) barômetro

b) anemômetro

c) higrômetro

d) cata-vento

e) pluviômetro

f) termômetro

Lembre que:

- O **vento** é o ar em movimento. Forma-se por causa da diferença de pressão atmosférica e de temperatura. O ar se desloca das áreas de alta pressão para as de baixa pressão:
  – áreas frias têm maior pressão.
  – áreas quentes têm menor pressão.
- Quanto maiores essas diferenças mais fortes serão os ventos.

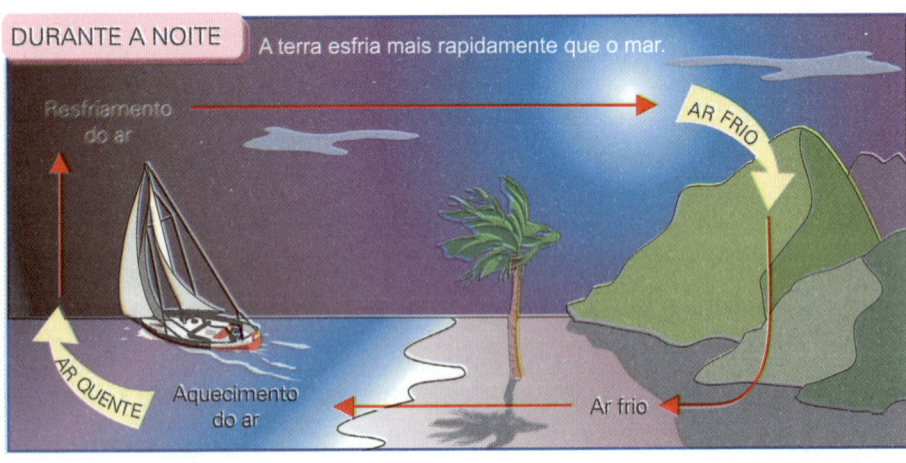

Lembre que:

- O vento pode ser utilizado para gerar energia.
  - A energia obtida a partir do vento faz girar grandes hélices, e estas movimentam turbinas para produzir eletricidade. Ela é chamada de **energia eólica**.
  - A energia eólica é considerada a energia menos danosa ao meio ambiente, embora os cata--ventos alterem a paisagem e façam ruídos.

12. O que é vento?

13. O que determina a formação dos ventos?

14. O que acontece quando a camada de ar próxima à superfície da Terra se aquece?

15. Como é a circulação do ar no litoral durante a noite?

16. O que é energia eólica?

17. Como o vento gera eletricidade?

18. A energia eólica polui o ambiente?

19. Pesquise e explique com suas palavras o que são ventos constantes e ventos periódicos. Dê exemplos:

Lembre que:

- **Chuva:** sem ela, os lagos e rios secariam e as plantas e os animais morreriam.
  - **seca:** período em que não ocorrem chuvas.
  - **enchente:** quando há excesso de chuvas podem ocorrer inundações e a água invade residências, casas comerciais, destrói plantações, alaga vias públicas etc. Os principais fatores que causam as enchentes são: urbanização; falta de planejamento urbano; falta de limpeza periódica dos rios.
- **Neve:** fora dos trópicos, boa parte da água cai como neve. Nas nuvens, com temperatura abaixo de zero, os cristais tornam-se maiores, formando flocos, e caem. Se a temperatura do ar mais perto do chão está acima de zero, a neve derrete e se transforma em chuva enquanto cai.
- **Granizo:** (ou chuva de pedra e de gelo) ocorre quando as gotas de água das nuvens sofrem um resfriamento muito rápido. Com isso forma-se gelo, que chega ao chão na forma de pedrinhas.
  - O granizo pode estragar plantações, destruir telhados, quebrar vidros, amassar veículos etc.
- **Geada:** é o congelamento do vapor de água sobre os objetos, as plantas e o solo. Pode ocorrer nas noites muito frias, sem vento e sem nuvens, quando a superfície da Terra perde muito calor.
  - Prejudica as plantações porque interfere no crescimento, na floração e frutificação dos vegetais.

- As plantações das regiões tropicais são as mais afetadas. Principalmente as de café e laranja, pois o cafeeiro e a laranjeira têm pouca resistência à baixa temperatura.

20. Por que a chuva é importante para a vida no nosso planeta?

21. Como ocorre a neve?

22. O que é a seca?

23. Quais são os prejuízos causados pela geada?

24. Complete as frases com as palavras do quadro:

> frias - gelo - nuvens - pedrinhas
> Geada - prejudica - plantações
> chuva de pedra de gelo

a) O granizo pode estragar _____, destruir telhados e quebrar vidros.

b) Quando as gotas de água das nuvens resfriam muito rápido forma-se _____. Este cai e chega ao chão em forma de _____ de gelo. Isso chama-se granizo, ou _____.

c) _____ é o congelamento do vapor de água sobre os objetos ou sobre as plantas.

d) A geada _____ principalmente as plantações.

e) Nas noites muito _____, sem vento e sem _____, podem ocorrer geadas.

25. Pense sobre os problemas que a chuva pode causar e responda:

a) Quais são os principais fatores que causam as enchentes?

b) Quais problemas pode causar uma chuva de granizo?

26. Pesquise:

a) a região do Brasil onde há seca e quais são as causas desse fenômeno;

b) a região do Brasil onde neva e quais são as causas desse fenômeno.

BLOCO 2

CONTEÚDOS:

- As estações do ano
- Os dias e as noites
- Pontos de referência
- As constelações dos hemisférios Norte e Sul
- Bússola

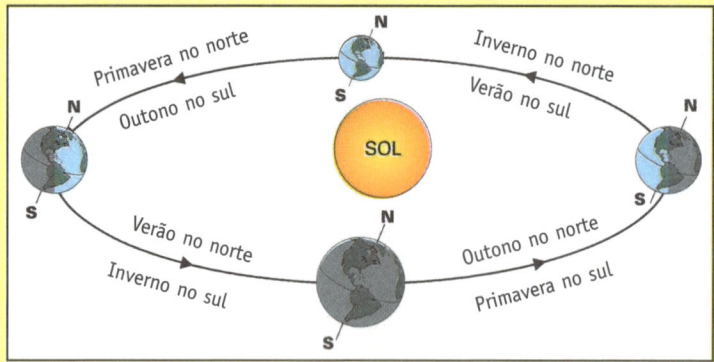

Verão
- Início: no dia mais longo do ano, isto é, no solstício de verão (21 de dezembro no Hemisfério Sul).
- Os dias são mais longos que as noites.
- Depois, os dias vão ficando cada vez mais curtos.
- Final: quando o dia e a noite têm a mesma duração.

Outono
- Início: no equinócio de outono, isto é, quando o dia e a noite têm a mesma duração, no final do verão (21 de março no Hemisfério Sul).
- Depois, os dias vão ficando cada vez mais curtos.
- Final: no dia mais curto do ano.

Inverno
- Início: no solstício de inverno, isto é, no dia mais curto do ano (21 de junho no Hemisfério Sul).
- Os dias são mais curtos que as noites.
- Depois, os dias vão ficando cada vez mais longos.
- Final: quando o dia e a noite têm a mesma duração.

Primavera
- Início: no equinócio de primavera, isto é, quando o dia e a noite têm a mesma duração, no final do inverno (23 de setembro no Hemisfério Sul).
- Depois, os dias vão ficando cada vez mais longos.
- Final: no dia mais longo do ano.

Lembre que:

- **Estações do ano**: originam-se da inclinação do eixo terrestre e das diferenças de duração do dia e da noite.

- Em virtude da inclinação do eixo de rotação da Terra, quando o Polo Sul está voltado para o Sol, o Polo Norte está apontando para o outro lado. O contrário ocorre quando o Polo Norte está voltado para o Sol. Por esse motivo, as estações do ano se invertem nos hemisférios Sul e Norte.

- **Fatores que influenciam o clima de uma região**: a variação na duração dos dias e das noites, a inclinação do eixo terrestre, a distância da Linha do Equador, a altitude, a proximidade do oceano etc.

1. Por que as estações do ano se invertem nos hemisférios Sul e Norte?

inverno

primavera

2. Qual é a origem das estações do ano?

3. Como é a variação na duração dos dias e das noites ao longo das estações do ano no Hemisfério Sul?

4. Que fatores influenciam o clima de uma região?

verão

5. Qual é a estação do ano de que você mais gosta? Por quê?

outono

Lembre que:

- A duração do dia (e da noite) está sempre mudando, pois a inclinação do eixo da Terra faz variar o tempo que uma determinada região fica voltada para o Sol.
- No verão, os dias são mais longos que as noites e, no inverno, ocorre o contrário.
- Quanto mais próximo se está da Linha do Equador, menor é a diferença na duração dos dias de verão e de inverno. Quanto mais próximo dos polos, maior é a diferença porque é mais acentuado o efeito da inclinação do eixo da Terra.
- Nos polos, o Sol não se põe durante o verão; é o dia polar.
- Da mesma forma, no inverno, o Sol não nasce. O dia inteiro fica na escuridão. É a longa noite polar.

6. Complete as frases, preenchendo os espaços:

a) As noites de inverno são mais _____ que as de _____.

b) No _____, os dias são mais _____ que as noites.

c) A _____ do dia e da noite está sempre _____.

d) A _____ do _____ da Terra faz _____ o tempo que uma determinada região fica voltada para o _____.

7. Por que a duração dos dias e das noites está sempre mudando?

8. Próximo à Linha do Equador há grande diferença na duração dos dias e das noites de inverno e de verão?

9. E nos polos? Justifique sua resposta.

Lembre que:

- Para nos localizarmos, precisamos de **referências**.
- A região central das cidades brasileiras geralmente é identificada pela presença da principal igreja e por uma praça.
- Cada cidade, grande ou pequena, tem seus pontos de referência.
  - No Rio de Janeiro, um dos pontos mais famosos de referência é o Cristo Redentor.
  - Salvador tem o Elevador Lacerda, que liga a Cidade Baixa à Cidade Alta. Também tem o Pelourinho (o bairro e a ladeira) e o Farol da Barra.
  - Curitiba apresenta a Rua Vinte e Quatro Horas e o Relógio das Flores.
  - Em Porto Alegre, a Estátua do Laçador é um ponto de referência.
  - Em Manaus, o Teatro Amazonas é um ponto de referência da capital do estado do Amazonas.
- Os pontos de referência são muito importantes para as pessoas se deslocarem no espaço e chegarem a algum lugar.
- A indicação de ruas, igrejas, teatros, museus, estátuas etc. ajuda-nos bastante.

10. Troque os números pelas sílabas e forme uma frase:

1	2	3	4	5	6	7	8
mos	re	lo	ci	rên	ra	ca	li
9	10	11	12	13	14	15	16
cias	nos	de	sa	Pa	zar	fe	pre

13 – 6   10   3 – 7 – 8 – 14 – 1,
16 – 4 – 12 – 1   11   2 – 15 – 5 – 9.

11. Pesquise e escreva:

a) Um ponto de referência que fique próximo à sua escola.

b) Um ponto de referência próximo à sua casa.

12. Você conhece algum instrumento que ajude a nos localizarmos? Qual?

13. Qual é o ponto de referência mais importante da sua cidade?

14. Escreva os pontos de referência de sua casa até sua escola:

O GPS

O Sistema de Posicionamento Global (Global Position System, em inglês) é um sistema que permite a localização geográfica, a partir da emissão de um sinal do aparelho, para satélites artificiais específicos que estão na órbita da Terra. O sinal emitido permite identificar onde o receptor de GPS está. No cruzamento dessa informação com mapas de localização é traçada a rota que deve ser feita para se chegar a qualquer destino, tanto por terra quanto pelo ar e pelo mar.

Lembre que:

- **Constelações** são agrupamentos de estrelas.

Exemplos:

– Cruzeiro do Sul, no Hemisfério Sul.

– Ursa Menor, no Hemisfério Norte.

Estrela Polar: uma das estrelas da Ursa Menor. Utilizada para orientação na Terra.

- As estrelas próximas do Equador celeste são visíveis nos dois hemisférios (Norte e Sul). Porém, as estrelas próximas ao Polo Sul celeste não são visíveis no hemisfério Norte e vice-versa.

- A constelação mais conhecida no Hemisfério Sul é a do Cruzeiro do Sul.

15. O que são constelações?

16. Qual é a constelação mais conhecida no Hemisfério Sul?

17. Qual é a constelação mais importante do Hemisfério Norte? Por quê?

18. Como podemos encontrar a Região Sul do Brasil com a ajuda do Cruzeiro do Sul?

Lembre que:

- A **bússola** é um instrumento de orientação usado principalmente em navegação.
  - A bússola é formada por uma agulha imantada que se alinha com o campo magnético da Terra.
  - Assim, uma ponta da agulha aponta para o norte magnético da Terra, enquanto a outra aponta para o sul magnético.

19. O que é bússola?

20. Assinale com um **x** somente as frases que forem verdadeiras:

( ) A bússola é um instrumento antigo e não serve para orientar as pessoas.

( ) A bússola é formada por uma agulha magnética que se alinha com o campo magnético da Terra.

( ) As primeiras bússolas consistiam numa agulha magnetizada sobre um pedaço de madeira, numa tina com água.

21. Escreva **aponta** ou **não aponta**:

a) A agulha de bússola _____ para o norte geográfico.

b) A agulha da bússola _____ para o norte magnético.

22. Construa uma bússola:

Voce vai precisar de:
- Um ímã com polo N marcado;
- Uma agulha de costura;
- Um prato com água;
- Um pedaço de cortiça (rolha).

1) Magnetize a agulha: coloque-a sobre uma mesa e esfregue nela o polo marcado do ímã, no sentido do comprimento, cerca de 20 vezes (sempre do furo para a ponta). E não mude o polo do ímã.

2) Espete a agulha na cortiça como mostra a figura. Está pronta a sua bússola.

3) Por fim, coloque-a na água e verifique se ela "teima" em ficar apontada sempre para o mesmo lado. A direção apontada deve ser a norte-sul dos polos magnéticos da Terra.

BLOCO 3

CONTEÚDOS:
- As mudanças de estado físico
- O calor do Sol nas mudanças de estado físico

Lembre que:

- A variação da temperatura faz um corpo passar de um estado físico para outro.
- O calor resultante da luz do Sol acelera a fusão e a evaporação de alguns materiais.
- Exemplos de mudanças de estado físico:
  - **solidificação:** (estado líquido → estado sólido)
    - água no congelador se transforma em gelo;
    - manteiga endurece na geladeira;
    - gotas de parafina que caem de uma vela acesa se solidificam quando esfriam.
  - **fusão:** (estado sólido → estado líquido)
    - chocolate e manteiga, com o calor, derretem.
  - **evaporação:** (estado líquido → estado gasoso)
    - álcool evapora num frasco aberto em dia quente;
    - água de roupa exposta no varal evapora.
  - **condensação:** (estado gasoso → estado líquido)
    - quando o vapor de água sai da chaleira, ele se condensa e forma gotas de água suspensas no ar.

1. O que faz um corpo passar de um estado físico para outro?

2. Quais são os estados físicos que os materiais podem apresentar?

3. Dê dois exemplos de materiais que se fundem com o calor de nossas mãos:

4. O que acontece com as gotas de parafina que caem de uma vela acesa quando esfriam?

5. Defina:

a) fusão

b) evaporação

c) solidificação

d) condensação

6. O calor provocado pela luz do Sol influencia a velocidade da mudança de estado físico da água?

Faça as seguintes experiências e comprove:

a) Compare o tempo que o cubo de gelo ao Sol e o cubo à sombra levam para derreter.

Anote as suas conclusões:

b) Analise as ilustrações e, com base no conhecimento sobre o calor, responda qual roupa molhada levará menos tempo para secar, a exposta ao Sol ou a que está na sombra?

 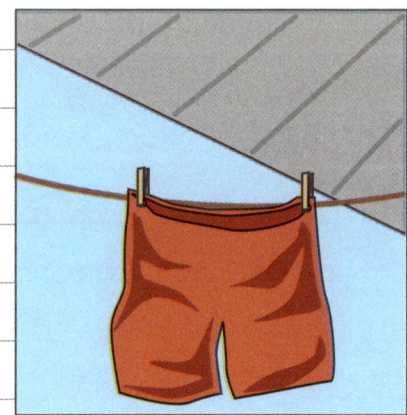

Lembre que:
- A fusão é um processo que absorve calor. Quanto maior a quantidade de calor, mais rapidamente a fusão ocorre.

7. Complete as frases a seguir:

a) O calor provocado pela luz do Sol _____ a mudança de estado físico de alguns materiais.

b) A fusão é um processo que _____ calor.

c) Quanto _____ a quantidade de calor, _____ ocorre a fusão.

8. Copie a afirmativa correta.

a) O calor do Sol provoca a mudança do estado líquido para o sólido.

b) O calor do Sol desacelera a evaporação.

c) O calor do Sol pode transformar um material sólido em líquido.

BLOCO 4

CONTEÚDOS:
- A água na natureza
- O ciclo da água
- Interferências na trajetória natural dos cursos da água

Distribuição da água na Terra
- 97% é de água salgada;
- 2% é de água doce congelada nos polos;
- 1% é de água doce.
  - Principais fontes: nascentes dos rios, chuvas, degelo da neve, água do subsolo (retirada através de poços, deve ser filtrada ou fervida e clorada para ser potável).

Lembre que:

A água pode ser encontrada na natureza nos três estados: sólido, líquido e gasoso.
- **sólido**: nos polos e no pico das montanhas (neve), nas nuvens (minúsculos cristais de gelo) e nas geleiras.
- **líquido**: nos oceanos, rios, lagos, nas nascentes, no solo, subsolo e na forma de chuva.
  - **lagos artificiais**: formados por barragens que represam a água utilizada para gerar eletricidade.
  - **lençóis subterrâneos**: a água da chuva penetra no solo e fica aprisionada entre as rochas.
- **gasoso**: vapor de água na atmosfera.

1. Em que estados físicos a água pode ser encontrada na natureza?

2. Na natureza, onde se encontra água:

a) no estado sólido?

b) no estado líquido?

c) no estado gasoso?

3. Cite três exemplos de fontes de água doce.

4. Para que se constroem lagos artificiais?

5. O que são lençóis subterrâneos?

6. A água do subsolo é potável?

7. Faça a ligação entre a quantidade e o tipo de água disponível no planeta:

1%	Água doce dos gelos polares e das geleiras.
97%	Água doce dos rios, lagos, vapor na atmosfera e subterrânea.
2%	Água nos oceanos, rica em sais minerais.

8. Como você acha que pode contribuir para economizar água? Troque ideias com seus colegas. Anote as medidas mais importantes:

23

Lembre que:

Na natureza a água muda de estado físico (ciclo da água).

- **evaporação:** a água da superfície terrestre é aquecida pela luz do Sol e se transforma em vapor de água.
- **condensação:** o vapor de água na atmosfera se condensa, formando nuvens (gotículas de água que se juntam e, quando pesadas, caem como chuva).
- **solidificação:** as gotículas de água congelam, formando nuvens (cristais de gelo que se juntam e, quando pesados, caem como neve ou granizo).
- **fusão:** o gelo das regiões polares ou dos picos de montanhas derrete e a água vai para rios e oceanos.

Ilustração representativa do ciclo da água.

Fatores que interferem na quantidade de chuvas:
- **Tipo de vegetação**
- **Presença de água** (rios, lagos, oceanos),
- **Clima da região**

Exemplos:
- **Floresta úmida:** grande parte da água que evapora retorna na forma de chuva na própria floresta.
- **Litoral:** região próxima ao mar, onde ocorre a maior parte da evaporação terrestre, formando-se muitas nuvens.
- **Clima:** o clima equatorial, por exemplo, tem maior ocorrência de chuvas que os climas tropicais, subtropical, e semiárido.

9. Como se dá o ciclo da água na natureza?

10. Observe a figura e anote as mudanças de estado da água:

1.
2.
3.
4.

11. Que fatores interferem na quantidade de chuvas?

12. Por que no litoral ocorrem mais chuvas que em terras distantes do mar?

13. Como a vegetação influencia as chuvas numa floresta úmida?

14. Pesquise e responda:

a) Qual é a região do Brasil onde há maior ocorrência de chuvas?

b) Qual é a região do Brasil onde há seca prolongada?

c) Qual é a região do Brasil onde pode nevar?

> **Lembre que:**
>
> - O ser humano altera a trajetória natural dos cursos da água. Desvia e canaliza rios para navegação, irrigação, drenagem e fornecimento de energia, constrói diques, açudes e barragens para represar a água, abastecer cidades e controlar inundações; constrói túneis e aquedutos para captar e conduzir a água de um lugar para outro e controlar as variações de nível.
> - **Usinas hidrelétricas**: são fundamentais na geração de eletricidade para a indústria, o comércio e as residências. Sua construção pode submergir cidades inteiras para a formação de represas.

15. Quais são as principais alterações que o ser humano faz na trajetória natural dos cursos de água?

16. Qual é a importância das usinas hidrelétricas?

17. De que maneira a construção de usinas hidrelétricas altera a paisagem?

18. Pesquise e cite o nome e a localização de três hidrelétricas:

19. Cite duas situações em que você usa eletricidade:

BLOCO 5

CONTEÚDOS:

- As características do solo fértil
- Os minerais na natureza
- Separação dos componentes de uma mistura

Lembre que:

- **Solo** é a camada superficial da crosta terrestre.
  - **Solo fértil:** é composto de argila, areia, húmus e água em quantidades adequadas.
  - O que diferencia um solo de outro é a quantidade que ele possui de cada componente.

Tipo	Composição	Características
Arenoso	Rico em areia	Deixa a água passar com facilidade, secando rapidamente. Serve para alguns tipos de vegetais.
Terra preta	Rica em húmus	A cor preta resulta da decomposição dos restos vegetais e animais (húmus). É um solo muito bom para a agricultura.
Terra roxa	Rica em ferro e húmus	Excelente para a agricultura, principalmente para a plantação de café. A cor avermelhada se deve à presença de ferro em sua composição.
Massapê	Rico em argila	Solo muito bom para plantações de cana-de-açúcar.

1. O que é solo?

2. Quais são os componentes do solo fértil?

3. O que diferencia um solo de outro?

4. Identifique no quadro o tipo de solo que corresponde a cada item:

> massapê - solo arenoso
> terra roxa - terra preta

a) É um solo muito bom para a agricultura. A cor preta resulta da decomposição dos restos vegetais e animais (húmus).

b) Solo muito bom para o plantio de cana-de-açúcar.

c) Serve para alguns tipos de vegetais, pois deixa a água passar com facilidade e seca rapidamente.

d) Excelente para a agricultura. A cor avermelhada se deve à presença de ferro em sua composição.

5. O que é húmus?

6. Escreva a composição de cada tipo de solo:
Arenoso:
Terra preta:
Terra roxa:
Massapê:

7. Pesquise em que parte do Brasil há solos mais férteis.

Lembre que:

- Nas nossas casas, nas ruas e no nosso corpo existem minerais.
- Exemplos de minerais usados na fabricação de objetos:
  - Quartzo, feldspato (vidros); cobre (fiação elétrica); petróleo (tubos de PVC, plásticos); calcário (cimento); alumínio (esquadrias de janelas, panelas etc.).
  - Areia de construção: apresenta quartzo, mica, feldspato e mineral ferromagnesiano.
- Os minerais agrupam-se em três categorias:
  - **metálicos** (ferro, chumbo, cobre, zinco, estanho etc.);
  - **não metálicos** (sal, fosfato, diamante, potássio, amianto etc.);
  - **energéticos** (petróleo, gás natural, carvão e os radioativos, como o tório e o urânio).
- Os minérios (substâncias que contêm os minerais) são extraídos das **jazidas**, depósitos naturais de minérios no subsolo. Existem regras para se extrair minérios para evitar danos ao meio ambiente.
- O Brasil possui muitos recursos minerais, entre eles:
  - minério de ferro – é encontrado em Minas Gerais (no Quadrilátero Ferrífero), Pará (Serra dos Carajás) e Mato Grosso do Sul (Maciço de Urucum);
  - bauxita (da qual se extrai o alumínio) – é encontrada no Pará (Oriximiná) e Minas Gerais;
  - cassiterita (da qual se extrai o estanho) – é encontrada em Rondônia, Pará, Amazonas e Minas Gerais;
  - manganês (mineral metálico usado na produção de aço) – é encontrado no Pará, Mato Grosso do Sul, Minas Gerais e Amapá.

8. Que materiais a areia de construção apresenta?

9. Dê cinco exemplos de minerais usados na fabricação de objetos:

10. De onde são retirados os minérios?

11. Por que existem regras para se extrair o minério?

12. Agrupe os minerais em metálicos, não metálicos e energéticos:

> petróleo - sal - zinco - ferro
> cobre - potássio - diamante - carvão
> urânio - chumbo - fosfato - amianto

Metálicos

Não metálicos

Energéticos

13. Onde encontramos no Brasil:

a) bauxita?

b) manganês?

c) minério de ferro?

d) cassiterita?

Lembre que:

- A maioria dos materiais encontrados na natureza é formada por misturas de duas ou mais substâncias.
- As substâncias que formam uma mistura são chamadas de **componentes** da mistura.
- As substâncias misturadas podem ser separadas por evaporação, destilação, decantação, filtração, catação etc.

Mistura e seus componentes (exemplos)	Processo de separação	Explicação (dos exemplos)
água do mar: água + sal*	evaporação	A água do mar é bombeada para tanques (salinas) e, sob ação do calor solar e do vento, a água evapora e o sal cristaliza-se, depositando-se no fundo dos tanques.
água do mar: água + sal*	destilação simples	Ferve-se a água do mar. A água evapora e os sais não. O vapor de água encontra uma superfície fria, condensa-se e volta ao estado líquido (água pura).
água barrenta: água + barro	decantação	Água barrenta deixada por algum tempo num recipiente; o barro deposita-se no fundo dele.
café: água + pó de café	filtração	Usa-se um coador ou filtro (de pano ou papel) que deixa passar o líquido, retendo o pó.
lixo: papéis, plásticos, vidros, latas, canos etc.	catação	Separa-se, manualmente, os materiais.

*Basicamente.

14. Quais são os processos de separação dos componentes de uma mistura?

15. Qual é o método de separação empregado nas salinas brasileiras? Explique-o:

16. Explique com suas palavras o processo de decantação:

17. Observe a figura abaixo e explique o processo de destilação simples. A água do mar é salgada. O que fazer para conseguir água pura?

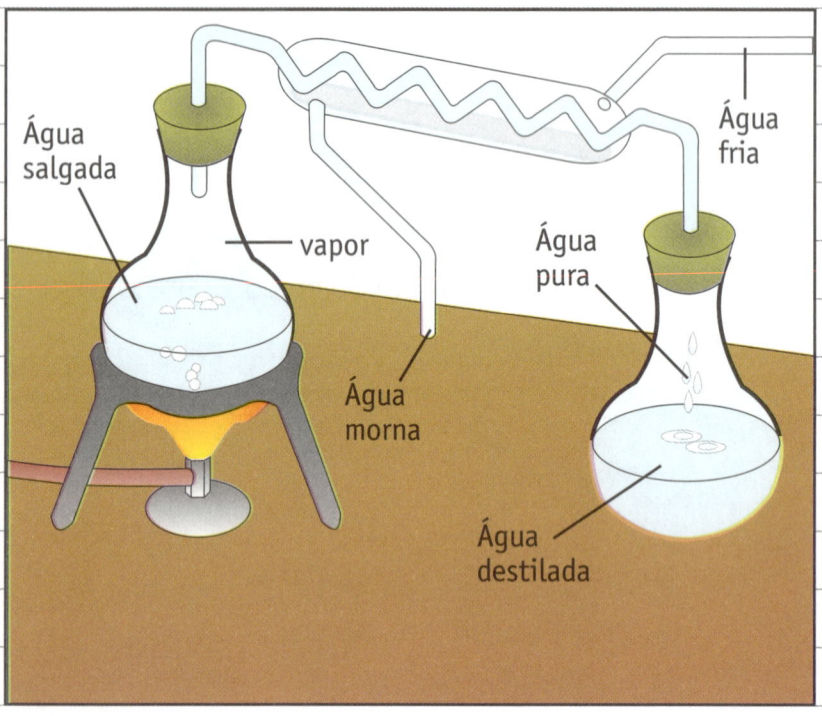

18. Escreva que processos de separação de mistura estão sendo usados nas figuras abaixo:

19. Nas usinas de reaproveitamento de lixo é usado um processo muito simples de separação. Qual é? Como funciona?

BLOCO 6

CONTEÚDOS:

- As propriedades gerais da matéria
- A reflexão da luz
- As evidências da gravidade
- O ímã
- O magnetismo terrestre

 Lembre que:

- **Matéria**: é tudo que ocupa lugar no espaço, possui massa e volume.
- **Massa**: é a quantidade de matéria que forma um corpo. É determinada usando-se a balança.

O objeto cuja massa se quer conhecer é colocado em um dos pratos.

Colocam-se no outro prato massas conhecidas (pesos) até equilibrar.

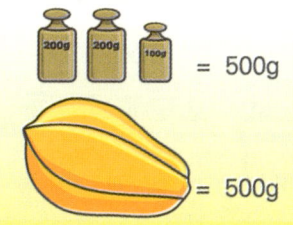

A massa do objeto será a soma das massas dos pesos.

A balança digital indica, no visor, a massa do objeto.

- **Volume**: é o espaço ocupado pela matéria. Achamos o volume de um objeto utilizando o procedimento a seguir:

Colocamos o objeto cujo volume se quer determinar numa vasilha cheia de água.

A água transborda e pode ser recolhida em outra vasilha.

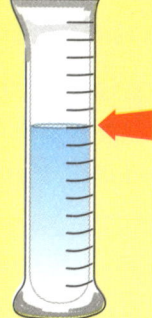

Com o auxílio de uma proveta, medimos o volume que derramou.

O volume do objeto será igual ao da água derramada.

- **Impenetrabilidade**: é uma das propriedades gerais da matéria: dois corpos não podem ocupar o mesmo lugar no espaço e no tempo.

1. Complete as frases, preenchendo os espaços:

   a) Todo corpo possui _____ e _____.

   b) A _____ determina a massa dos objetos.

   c) A massa é a _____ de matéria que forma um corpo.

2. O que é matéria?

3. O que é volume?

4. O que é impenetrabilidade?

5. Quando nos pesamos em uma balança, estamos determinando a nossa massa. Qual é a sua massa?

6. Escolha um objeto e encontre seu volume. Descreva abaixo como você achou o volume:

Lembre que:

- Em condições normais a luz desloca-se em linha reta por meio de raios luminosos.

  Quando atinge um objeto, três situações podem acontecer:
  - os raios de luz **atravessam** o objeto;
  - os raios de luz são **absorvidos** pelo objeto, transformando-se em calor;
  - os raios de luz são **refletidos** pelo objeto, mudando a sua direção.

- Você já deve ter brincado com espelhos refletindo raios de luz solar. O raio de luz que chega a um espelho chama-se **raio incidente**; o ponto onde o raio toca o espelho chama-se **ponto de incidência**; o raio que é rebatido do espelho é chamado de **raio refletido**.

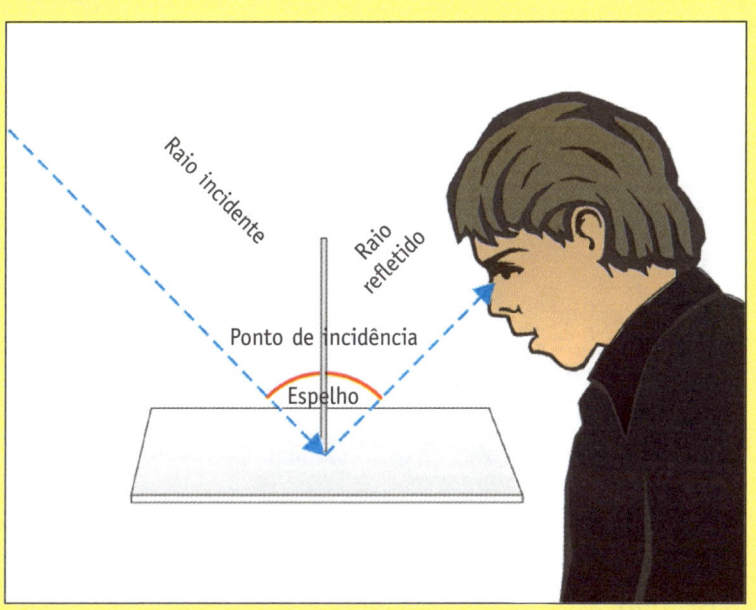

7. Em condições normais, como se comporta a luz?

8. Quando a luz atinge um objeto o que pode acontecer?

9. Como é chamado o raio de luz que chega a um espelho?

10. Como se chama o raio que é rebatido do espelho?

11. O que é ponto de incidência?

35

12. Observe as figuras abaixo:

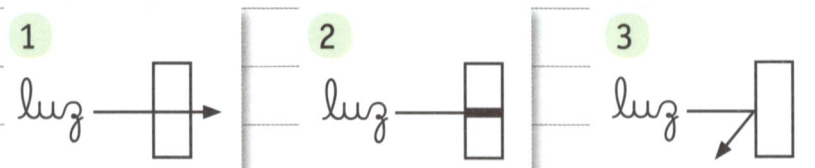

Agora responda:
O que acontece com a luz em cada uma das figuras?

1
2
3

13. O que acontece quando a luz atinge um espelho?

14. Além do espelho, onde mais podemos perceber a reflexão da luz?

Lembre que:

- **Força de gravidade:** é a força que puxa ou atrai os corpos para o chão. A atração depende da massa dos corpos e da distância entre eles. Numa gangorra, é fácil perceber que a força da gravidade sobre dois corpos de massas diferentes é também diferente.

- Se colocarmos numa gangorra dois baldes de mesmo tamanho, cheios de areia, eles serão atraídos igualmente pela Terra. A gangorra fica em equilíbrio.

- Se retirarmos parte da areia de um dos baldes, este ficará com menos massa e a atração sobre ele será menor. Isso fará a gangorra inclinar para o lado de maior massa.

- **Lua:**
  - gira ao redor da Terra a uma grande velocidade;
  - não escapa para o espaço porque a atração da gravidade da Terra não permite;
  - atrai a Terra porque também tem força gravitacional.

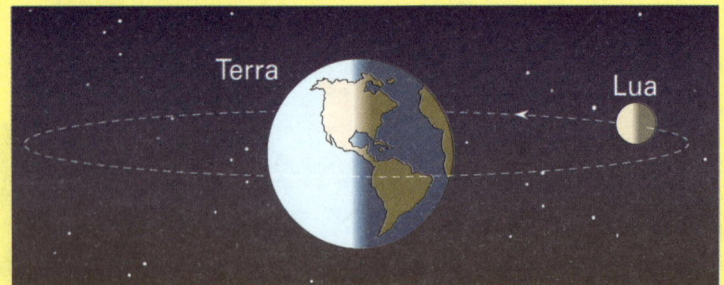

- A rotação da Terra, em combinação com as forças gravitacionais da Terra, da Lua e do Sol dão origem às marés.

15. O que é força da gravidade?

16. Como se originam as marés?

17. Explique a ilustração com suas palavras:

18. Complete as frases:

a) A força da gravidade sobre dois corpos de _____ diferentes é também diferente.

b) A _____ não consegue escapar para o espaço porque a atração da gravidade da Terra não permite.

c) A Lua também tem força _____.

d) A Lua movimenta-se ao redor da Terra a uma grande _____.

19. Cite três situações em que podemos perceber a gravidade:

20. Por que a Lua influencia o movimento das águas dos mares e oceanos?

21. Troque os números pelas sílabas correspondentes e forme as frases:

1	2	3	4	5	6	7	8	9
de	tra	dos	Lu	dis	A	mas	trai	cia
10	11	12	13	14	15	16	17	18
gra	pos	Ter	em	ção	les	vi	e	tam
19	20	21	22	23	24	25	26	27
da	bém	tre	cor	tân	a	sa	pen	ra

6 24-2-14 19 10-16-19-1 1-26-1 19 7-25 3 22-11 17 19 5-23-9 13-21 17-15.

6 4-24 18-20 24-8 24 12-27

> **Lembre que:**
>
> - **Força magnética:** é a força de atração que os ímãs exercem sobre alguns materiais, especialmente os de ferro ou aço.
> - **Os tipos de ímãs:**
>   - **Ímã natural** é aquele encontrado na natureza. A magnetita é um ímã natural.
>   - **Ímãs artificiais** são aqueles produzidos pelas indústrias com materiais de aço ou ferro.
>
>   Podem apresentar-se:
>   - Em barra
>   - Em forma de U
>   - Em forma cilíndrica
>   - Em forma de ferradura
>   - Como agulha de bússola
>
> - Os ímãs podem ser:
>   - **permanentes:** conservam seu poder de atração por muito tempo. Exemplos: ferro, aço, níquel.
>   - **temporários:** perdem com facilidade seu poder de atração. Exemplos: cromo, alumínio, platina.

Força de repulsão

Força de atração

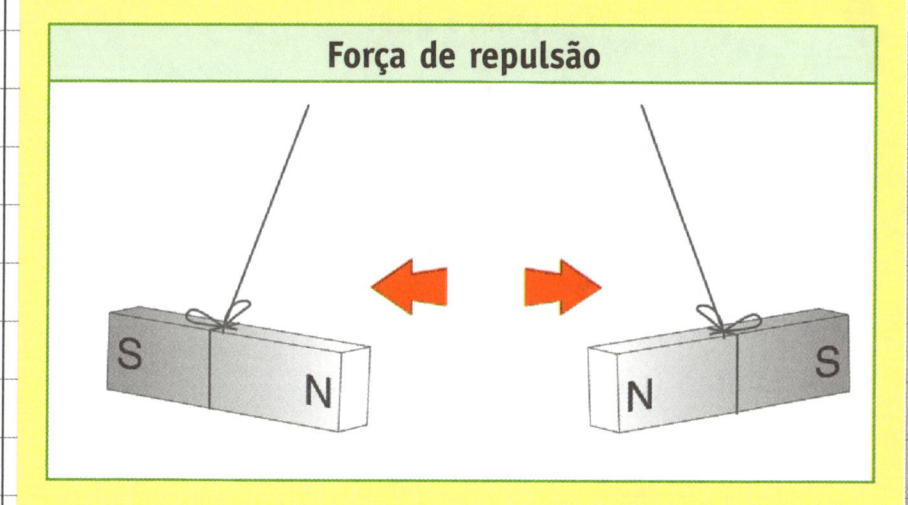

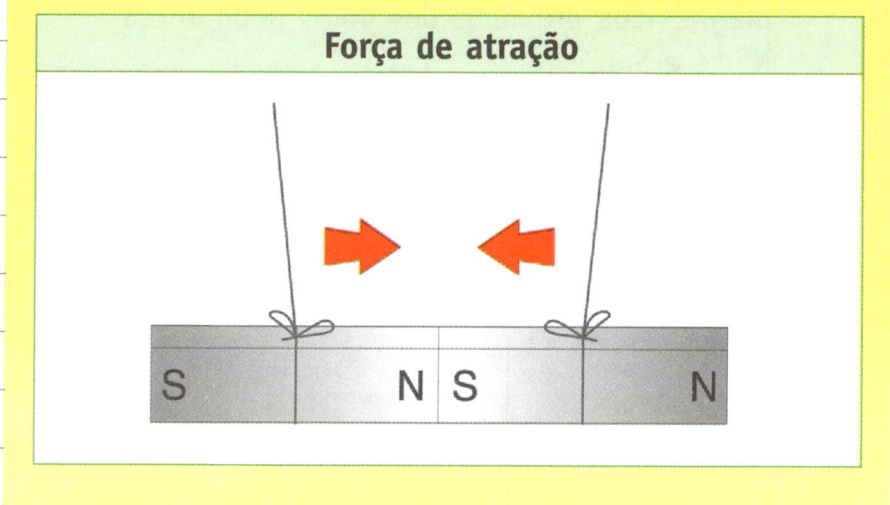

Conclusão: polos diferentes se atraem; polos iguais se repelem.

22. Responda:

a) O que é força magnética?

b) O que são ímãs naturais?

c) Cite um ímã natural conhecido:

d) O que são ímãs artificiais?

23. Onde estão localizados e como são chamados os pontos que têm mais força magnética no ímã?

24. O que é força de repulsão?

25. O que é força de atração?

26. Qual é a diferença entre um ímã permanente e um ímã temporário?

27. Desenhe um ímã na forma em que você conhece:

Lembre que:

- O nosso planeta possui um campo magnético. O **magnetismo terrestre** é produzido no núcleo da Terra, que se divide em núcleo interno e núcleo externo.

- **Núcleo da Terra**: formado por ferro e níquel; onde é produzido o magnetismo terrestre:
  – interno (sólido);
  – externo (líquido): o movimento desse líquido e o de rotação da Terra criam o campo magnético
  – a Terra funciona como um ímã e tem **polos magnéticos** próximos dos polos geográficos Norte e Sul.

- **Magnetosfera**: campo magnético da Terra que se estende pelo espaço, ao redor do planeta.

28. Complete os espaços em branco:

   a) O magnetismo terrestre é produzido no núcleo da Terra, formado por _____ e _____.

   b) O núcleo externo é _____, por causa do _____.

   c) Como um ímã, a Terra possui dois polos, chamados _____.

   d) Os polos magnéticos da Terra estão próximos dos polos _____: _____ e _____.

29. Como é criado o campo magnético da Terra?

30. O que é magnetosfera?

31. Explique a afirmação:
   "A Terra funciona como um ímã."

32. Explique a importância do magnetismo terrestre para o nosso planeta:

BLOCO 7

CONTEÚDOS:

Materiais combustíveis

- Bons e maus condutores de eletricidade
- Bons e maus condutores de calor
- Bons e maus condutores de som
- Materiais que permitem ou impedem a passagem da luz
- A corrente elétrica

Lembre que:

- **Combustão** é o processo de queima. Não existe combustão se não houver oxigênio no ar.
- Para que haja combustão ou queima são necessários três elementos: **combustível**, **comburente** e **calor inicial.**

Veja o processo no quadro ao lado.

---

combustão: processo de queima.

- **combustível:** substância que queima com facilidade e libera energia.
  - **sólido:** lenha.
  - **líquido:** álcool, gasolina, óleo diesel, querosene...
  - **gasoso:** gás de cozinha, gás hidrogênio...
- **comburente:** substância que alimenta a combustão. Exemplo: oxigênio.
- **calor inicial:** necessário para começar a combustão.

- **Combustíveis fósseis:** formados pela decomposição de restos de plantas e animais que viveram há milhões de anos. São recursos naturais que se esgotam.
  - **carvão mineral:** formado pela decomposição de restos de plantas que se acumularam no subsolo. Usado como combustível nas indústrias siderúrgicas, na produção de aço.
  - **petróleo:** líquido escuro e grosso, de cuja refinação obtemos derivados, como a gasolina, o querosene, o gás liquefeito, o asfalto etc.

Lembre que:

- Para preservar o meio ambiente, devemos economizar combustíveis, pois sua queima é a maior causadora de poluição do ar.

1. O que é combustão?

2. Para fazer um churrasco é necessário realizar a combustão. Pensando nisso, defina:

a) Combustível:

b) Comburente:

c) Calor inicial:

3. Identifique os itens conforme a sua função: combustível (CO), comburente (CE) e calor inicial (CI)

carvão ( )   querosene ( )
álcool ( )   lenha ( )
fósforo ( ) oxigênio ( )

4. O que são combustíveis fósseis?

5. Como se forma o carvão mineral?

6. Onde é usado o carvão mineral?

7. Por que o petróleo e o carvão mineral podem acabar um dia?

8. Quais produtos obtemos da refinação do petróleo?

9. Em que estados físicos se apresentam os combustíveis? Exemplifique:

10. Por que é importante economizar combustíveis?

11. O que são bons condutores de eletricidade?

12. O que são maus condutores de eletricidade?

13. Dê exemplos de bons e maus condutores de eletricidade:

14. Por que, quando ligamos algum eletrodoméstico na tomada, devemos estar calçados? Explique com suas palavras.

> **Lembre que:**
>
> Os materiais podem ser **bons ou maus condutores de eletricidade**.
>
> - **Bons:** materiais que deixam a corrente elétrica passar com facilidade. Exemplos: metais (cobre, alumínio, prata etc.), o corpo humano e o de outros animais, a água, o ar úmido, o solo etc.
>
> - **Maus** (isolantes): materiais que dificultam a passagem da corrente elétrica. Exemplos: borracha, madeira, plástico, cortiça, vidro, lã, isopor etc.
>
> - **Cuidados básicos no uso da energia elétrica:**
>   – Na troca de lâmpadas, sempre as segure pelo vidro, e não pelo soquete. O vidro é isolante e o soquete é bom condutor de eletricidade.
>   – A água é ótima condutora de eletricidade. Portanto, nunca use nem coloque aparelhos elétricos em lugares molhados. Também não mude a chave do chuveiro para as posições verão e inverno enquanto ele estiver ligado.
>   – Nunca mexa no interior de aparelhos elétricos ligados com garfo, faca, chave de fenda ou qualquer outro objeto metálico.
>   – Nunca empine pipas em locais próximos à rede elétrica. Se houver fio descoberto, você pode levar um choque violento.

Lembre que:

- Os materiais podem ser **bons ou maus condutores de calor**.
  - **Bons:** materiais que transmitem o calor com facilidade. Exemplos: metais (cobre, alumínio, ferro, prata, zinco etc.), o corpo humano e o de outros animais, a terra etc.
  - **Maus** (isolantes): materiais que transmitem o calor com dificuldade. Exemplos: madeira, isopor, plástico, vidro, borracha, ar etc.

Os agasalhos são feitos de bons isolantes térmicos, que reduzem consideravelmente a perda de calor do nosso corpo para o ambiente. Geralmente nosso corpo está em uma temperatura maior do que a do ambiente, assim constantemente há transferência de calor do nosso corpo para o ambiente. Com o agasalho, essa perda de calor é reduzida consideravelmente.

Peças de diferentes materiais podem estar em uma mesma temperatura e parecerem estar com temperaturas diferentes quando você tocá-las, como por exemplo um pedaço de madeira e outro de metal. Isso ocorre porque o metal é melhor condutor de calor do que a madeira. O calor da sua mão é transferido mais rapidamente para o metal, por isso ele parece estar mais frio que a madeira.

15. Escreva bom condutor ou mau condutor e complete as frases:

a) Coloquei refrigerantes e gelo numa caixa de isopor. Os refrigerantes mantiveram-se gelados por muitas horas. Isso ocorreu porque o isopor é _____ de calor.

b) Coloquei café quente na garrafa térmica e ele se manteve aquecido por muitas horas. Isso ocorreu porque o vidro da garrafa térmica é _____ de calor.

16. O que são bons condutores de calor? Cite dois exemplos.

17. O que são maus condutores de calor? Cite dois exemplos.

45

18. Por que a alça do ferro de passar roupa é geralmente de plástico?

19. Que condutores de calor há na sua casa? Preencha o quadro:

Bons condutores	Maus condutores

Lembre que:

- Todos os tipos de sons são produzidos por vibrações. As vibrações agitam o ar criando **ondas sonoras** que se espalham em todas as direções.
  - **Bons condutores de som:** materiais que permitem a propagação das ondas sonoras. Exemplos: metais (cobre, ferro, alumínio, prata etc.), líquidos em geral e o ar.
  - **Maus condutores de som:** materiais que dificultam a propagação das ondas sonoras. Exemplos: lã, tecidos em geral, espuma e a maior parte dos materiais sólidos muito maleáveis.

20. O que são bons condutores de som?

21. O que são maus condutores de som?

22. Assinale as frases como verdadeiras (V) ou falsas (F):
( ) Os sons são produzidos por vibrações.
( ) Materiais condutores de som são materiais que dificultam a propagação das ondas sonoras.
( ) Tecidos são maus condutores de som.

Lembre que:

- Quanto à **passagem da luz** através dos materiais estes podem ser de três tipos: **opacos**, **translúcidos** e **transparentes**.

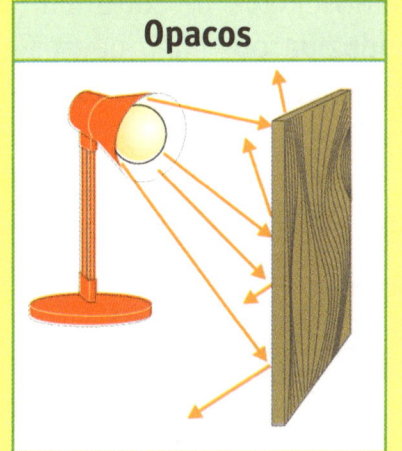

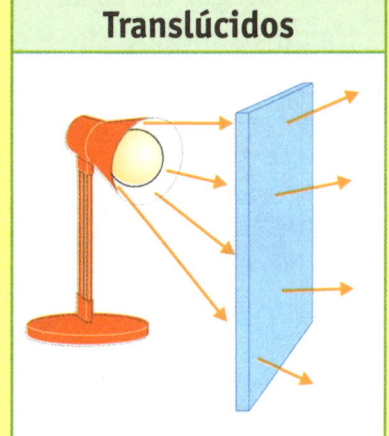

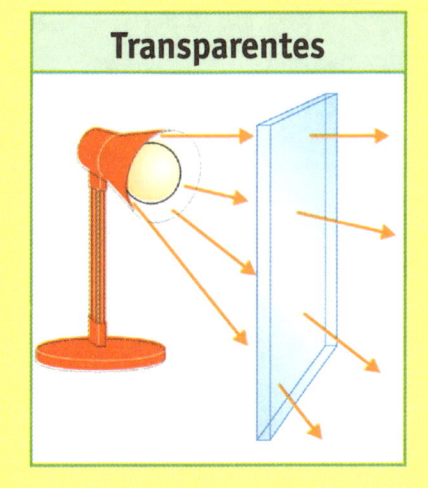

Materiais	Características quanto à passagem da luz	Exemplos
opacos	Não deixam passar a luz.	madeira, tijolo...
translúcidos	Deixam passar a luz em trajetórias irregulares, não permitindo a visualização exata dos objetos observados através deles.	papel vegetal, vidro fosco...
transparentes	Deixam passar a luz em trajetórias regulares.	vidro, ar, água limpa...

23. O que são materiais opacos? Cite dois exemplos.

24. O que são materiais translúcidos? Cite dois exemplos.

25. O que são materiais transparentes? Cite dois exemplos.

26. Escreva as palavras do quadro e classifique-as como se pede:

> celofane – bolha de sabão – areia
> tijolo de barro – lente de óculos
> tijolo de vidro – papel vegetal

a) materiais opacos

b) materiais translúcidos

c) materiais transparentes

27. Relacione alguns materiais que existem em sua casa que são opacos, translúcidos e transparentes.

Lembre que:

- **Corrente elétrica:** é um fluxo de partículas chamadas **elétrons.**

- A maior parte da eletricidade que usamos no dia a dia é produzida em usinas hidrelétricas. Para chegar às casas, a eletricidade percorre um longo caminho. Ela é conduzida por meio de fios condutores que se espalham pelos diversos lugares onde se usará a eletricidade.

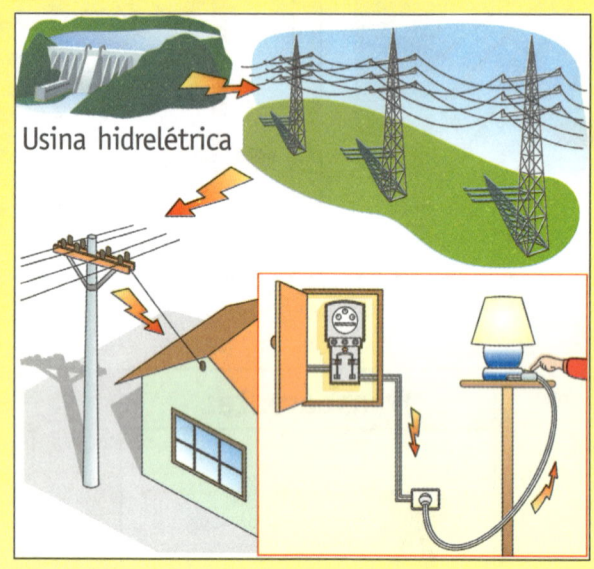

O caminho percorrido pela corrente elétrica chama-se circuito elétrico.

- **Circuito elétrico:** é o caminho percorrido pela corrente elétrica.
  - aberto: a corrente elétrica não passa;
  - fechado: a corrente elétrica passa.

Quando ligamos um aparelho elétrico, estamos fechando um circuito; isso permite a passagem da corrente.

> **Lembre que:**
>
> - **Algumas medidas para se economizar eletricidade:**
>   - apague a luz dos cômodos que não estão sendo usados;
>   - não ligue o chuveiro elétrico simultaneamente ao ferro de passar roupas;
>   - não demore no banho e procure desligar o chuveiro elétrico quando estiver se ensaboando;
>   - não deixe eletrodomésticos ligados sem necessidade.
>   - Há uma lei que regulamenta a duração do horário de verão. A lei determina o início no terceiro domingo do mês de outubro de cada ano, e o término no terceiro domingo do mês de fevereiro do ano seguinte.
>   - Nos últimos anos houve uma variação dos estados que adotam o horário de verão. Em 2012 os estados que aderiram ao horário foram: Rio Grande do Sul, Santa Catarina, Paraná, São Paulo, Rio de Janeiro, Espírito Santo, Minas Gerais, Goiás, Mato Grosso, Mato Grosso do Sul, Tocantins e Distrito Federal.

28. Complete as frases:

   a) A corrente elétrica é um fluxo de chamadas _____.

   b) Para funcionar, um aparelho elétrico precisa que a _____ chegue até ele.

   c) Um circuito elétrico pode estar _____ ou _____.

29. O que acontece quando ligamos um aparelho elétrico?

30. O que é preciso para que um aparelho elétrico funcione?

31. O que acontece com a corrente elétrica quando o circuito está aberto?

32. Quando o circuito está fechado, o que acontece com a corrente elétrica?

33. Onde é produzida a maior parte da eletricidade que usamos?

34. Como a eletricidade chega até a nossa casa?

35. Como podemos economizar energia elétrica?

36. Como você acha que é a vida num lugar sem energia elétrica?

37. Pesquise:

a) Quantos e quais são os aparelhos elétricos que há em sua casa?

b) Cite três situações em que você usa eletricidade durante o dia:

38. Por que foi criado o horário de verão?

BLOCO 8

CONTEÚDOS:
- Reprodução na espécie humana
- As transformações na infância e na adolescência
- Sistema nervoso
- Os órgãos dos sentidos

Lembre que:

- **Sistema reprodutor:** é o conjunto de órgãos responsáveis pela reprodução.
- **Sistema reprodutor masculino:** produz as células reprodutoras masculinas - os espermatozoides.
  - **testículos:** são dois órgãos ovoides onde se formam os espermatozoides.
  - **epidídimos:** são bolsas alongadas onde os espermatozoides ficam armazenados.
  - **canais deferentes:** são tubos pelos quais os espermatozoides chegam até a uretra.
  - **uretra:** é o tubo que vai da bexiga à extremidade do pênis, por onde escoam a urina e o sêmen (ou esperma, que é o líquido que contém os espermatozoides).
  - **testículos:** são dois órgãos ovoides onde se formam os espermatozoides.
  - **pênis:** é o órgão genital masculino. Sua função é depositar o esperma dentro do sistema reprodutor feminino.
  - **próstata e vesículas seminais:** são glândulas que produzem líquidos que compõem o esperma. São duas as vesículas seminais.

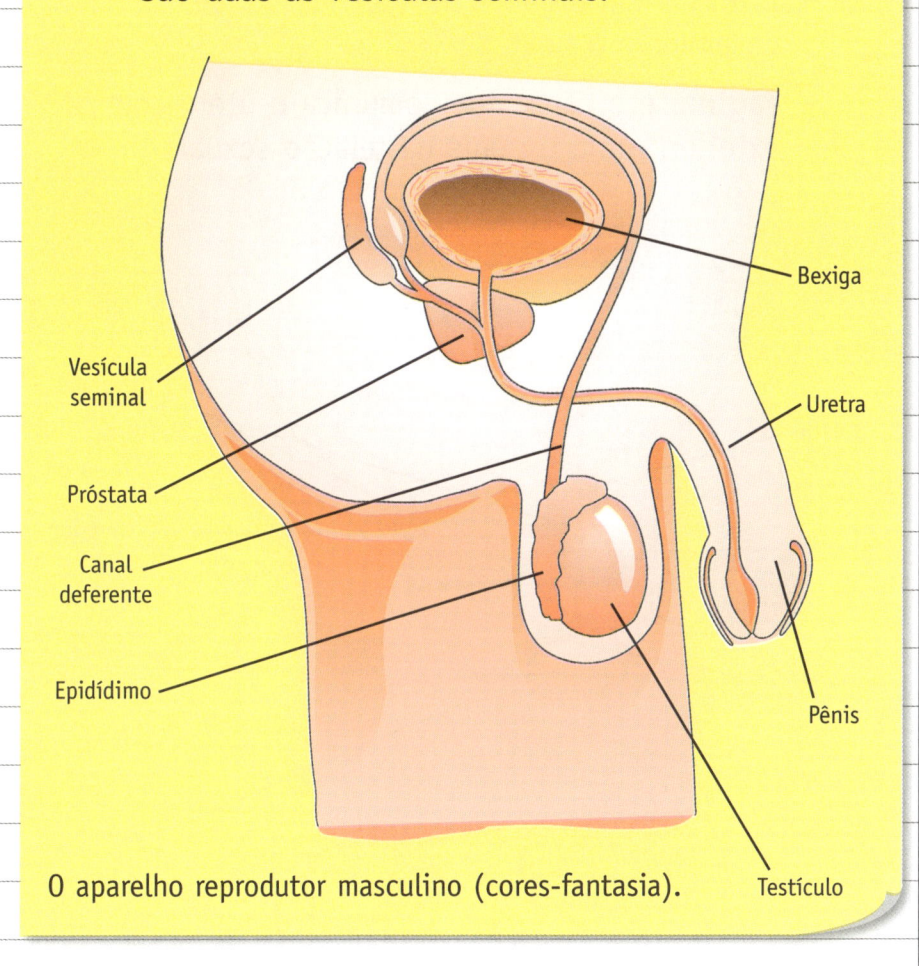

O aparelho reprodutor masculino (cores-fantasia).

- **Sistema reprodutor feminino:** produz as células reprodutoras femininas – os óvulos – e oferece um local apropriado para a fecundação e o desenvolvimento do novo ser.

    - **ovários:** são órgãos que produzem os óvulos.
    - **tubas uterinas:** são canais que desembocam no útero.
    - **útero:** é um órgão muscular no qual se desenvolve o novo ser.
    - **vagina:** é o canal que comunica o útero com o exterior. Aloja o pênis na relação sexual.

O aparelho reprodutor feminino (cores-fantasia).

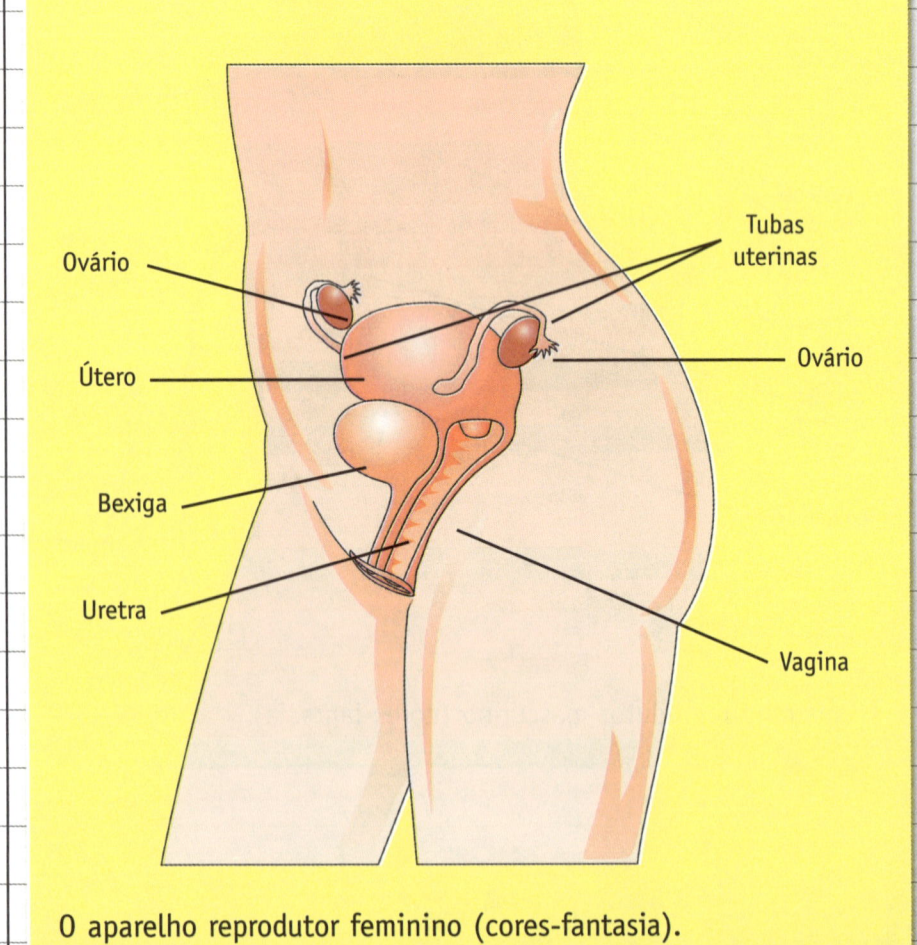

Fecundação

União de um espermatozoide com um óvulo → célula-ovo → (divisão) embrião → feto → novo ser que nasce

Caso não ocorra a fecundação, o óvulo degenera e há sangramento da parede interna do útero e saída do sangue pela vagina. É a menstruação, que ocorre a cada 28 dias, aproximadamente.

1. O que é o sistema reprodutor?

2. Qual é a função do sistema reprodutor masculino?

3. Qual é a função do sistema reprodutor feminino?

4. Onde são produzidas as células reprodutoras femininas?

5. Quando acontece a fecundação?

6. Onde se desenvolve o embrião? Que nome recebe até o nascimento?

7. O que é menstruação?

8. Onde são produzidas as células reprodutoras masculinas?

9. Observe as figuras e escreva o nome de cada órgão indicado:

a) Sistema reprodutor masculino

b) Sistema reprodutor feminino

a)
1.
2.
3.
4.
5.
6.
7.
8.

b)
1.
2.
3.
4.
5.
6.
7.

10. Analise as definições e preencha o diagrama.

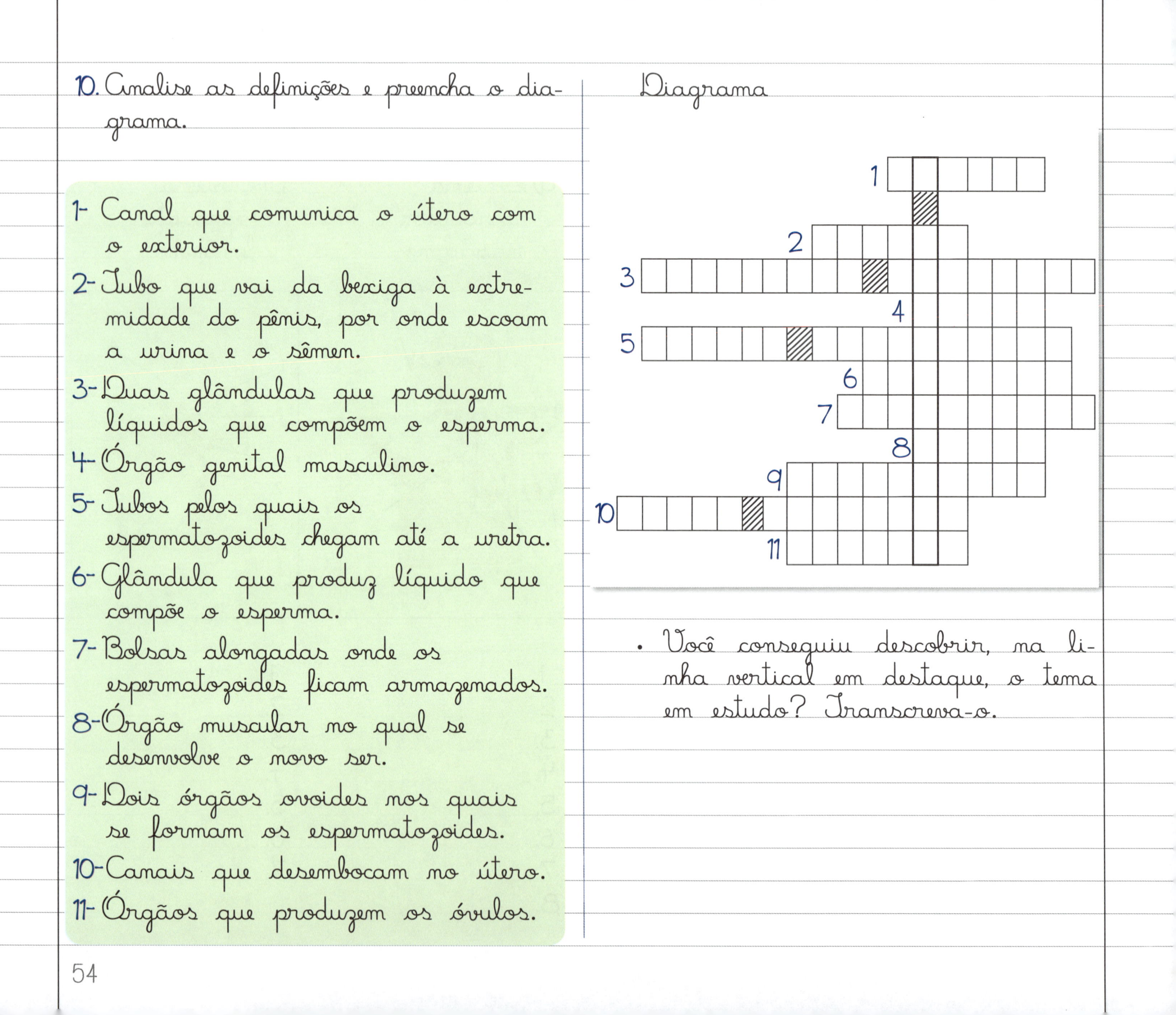

1- Canal que comunica o útero com o exterior.
2- Tubo que vai da bexiga à extremidade do pênis, por onde escoam a urina e o sêmen.
3- Duas glândulas que produzem líquidos que compõem o esperma.
4- Órgão genital masculino.
5- Tubos pelos quais os espermatozoides chegam até a uretra.
6- Glândula que produz líquido que compõe o esperma.
7- Bolsas alongadas onde os espermatozoides ficam armazenados.
8- Órgão muscular no qual se desenvolve o novo ser.
9- Dois órgãos ovoides nos quais se formam os espermatozoides.
10- Canais que desembocam no útero.
11- Órgãos que produzem os óvulos.

Diagrama

- Você conseguiu descobrir, na linha vertical em destaque, o tema em estudo? Transcreva-o.

Lembre que:

- **Infância:** quando nasce, a criança já consegue reagir a estímulos do ambiente. À medida que cresce e seu sistema nervoso se desenvolve, ela aprimora seus movimentos. Ela aprende as regras e os comportamentos do mundo dos adultos.

- **Adolescência:** período de transição entre a infância e a fase adulta. Ocorrem transformações que tornam os jovens fisicamente aptos para ter filhos.

Nas meninas	Nos meninos
- crescem as mamas; - crescem pelos nas axilas e no púbis; - os quadris se alargam; - ocorre a primeira menstruação.	- os testículos e o pênis aumentam de tamanho; - há produção de espermatozoides; - a voz muda; - crescem pelos no corpo todo.

11. Complete as frases, preenchendo os espaços:

a) Quando nasce, a criança já consegue reagir a _____ do ambiente.

b) À medida que cresce e seu _____ se desenvolve, a criança aprimora seus _____.

c) Na infância, a criança aprende as _____ e os _____ do mundo dos adultos.

12. O que é adolescência?

13. Que mudanças ocorrem no corpo das meninas na adolescência?

14. Que mudanças ocorrem no corpo dos meninos na adolescência?

55

AS TRANSFORMAÇÕES DOS SERES HUMANOS

O ser humano passa por transformações desde o momento da sua concepção.

Durante a gestação, o novo ser vai se desenvolvendo até que esteja pronto para nascer.

Inicia-se um período chamado de infância. Nessa fase, a criança entra em contato com o mundo.

Nos primeiros anos de vida, a criança ainda é muito dependente dos adultos para que suas necessidades básicas sejam satisfeitas. Precisa ser alimentada, aprende a falar, a se locomover sozinha e necessita dos adultos para aprender as regras que regem a cultura na qual ela vive.

Por volta dos nove anos de idade, inicia-se uma nova fase de grandes transformações físicas e emocionais. Nessa fase, a criança começa a se preparar para a vida adulta. É a puberdade e a adolescência que chegam.

A **puberdade** refere-se às modificações físicas que acontecem com meninos e meninas; a palavra puberdade deriva de púbis, que, em latim, quer dizer pelo, penugem. E é exatamente nessa fase que começam a aparecer os pelos na região dos órgãos genitais e nas axilas, e que ocorre o crescimento das mamas.

A **adolescência** é um processo psicológico e social, isto é, a adolescência sofre a influência da cultura e do ambiente em que o menino e a menina vivem.

Não importa se é menino ou menina, a puberdade acontece para todos. Ela pode iniciar-se em momentos diferentes e pode ser mais rápida ou mais lenta. A puberdade é um processo de transformações físicas que torna os indivíduos aptos a se reproduzirem.

Os responsáveis por todas essas transformações são os **hormônios sexuais**, principalmente o estrogênio, nas meninas, e a testosterona, nos meninos.

15. Em que fase da vida ocorrem transformações que tornam a pessoa fisicamente apta para ter filhos?

16. Pesquise e responda:

Com quantos anos começa e com quantos anos termina:

- a infância?

- a adolescência?

- a idade adulta?

17. Em que fase do desenvolvimento você está?

Lembre que:

- **Sistema nervoso:** transmite sinais que controlam as condições internas (do corpo) e respondem às condições externas (do ambiente).
- O sistema nervoso humano pode ser dividido em dois: o **central** e o **periférico**.

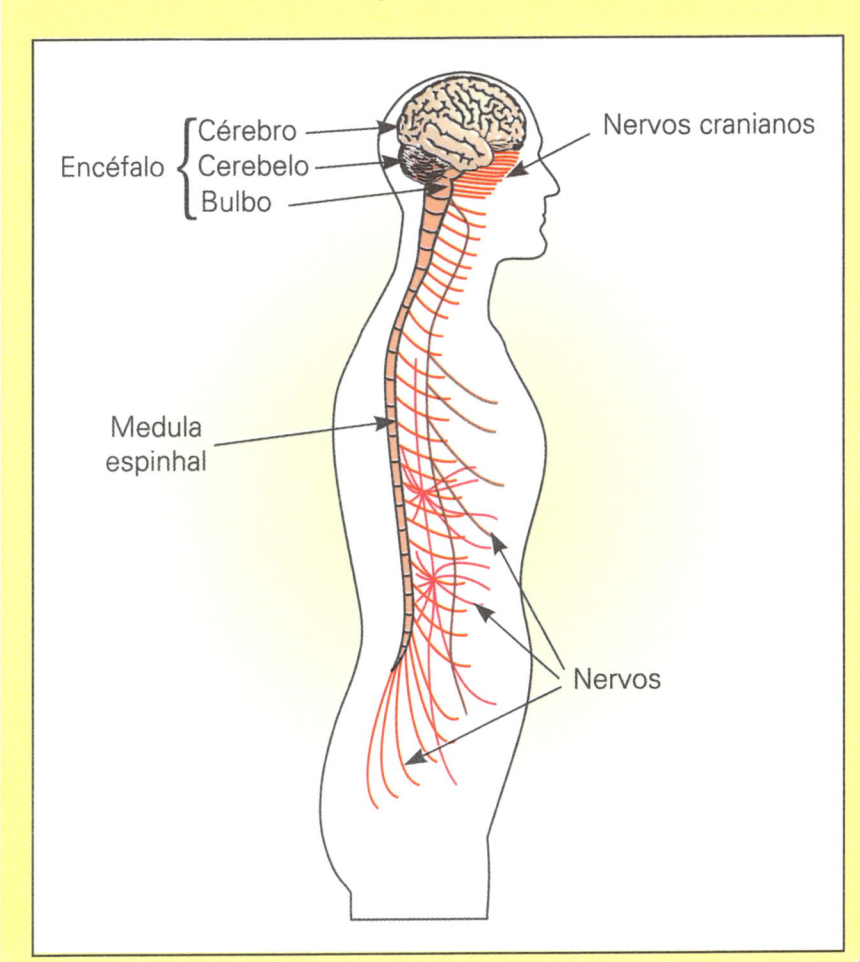

Encéfalo { Cérebro, Cerebelo, Bulbo
Nervos cranianos
Medula espinhal
Nervos

Sistema nervoso central
- **encéfalo:** alojado dentro do crânio
  - **cérebro:** é a porção maior do encéfalo, responsável pela memória, pela inteligência, pelo raciocínio.
  - **cerebelo:** funciona como órgão de equilíbrio do corpo e coordena os nossos movimentos.
  - **bulbo:** fica entre o cérebro e a medula; é reponsável pelos movimentos respiratórios, cardíacos (batimentos do coração), vômitos etc.
- **medula espinhal:** tubo situado no interior da coluna vertebral.

- **Sistema nervoso periférico:** conjunto de nervos e terminações nervosas ligando todos os órgãos ao sistema nervoso central.
- **Sistema nervoso autônomo:** responsável pelos atos involuntários (funcionamento do coração, dos pulmões, do estômago, dilatação/contração das pupilas etc.).

18. Como se divide o sistema nervoso?

57

19. Copie apenas as afirmações corretas:

a) O sistema nervoso se divide em: sistema nervoso central e sistema nervoso periférico.
b) O encéfalo é formado pelo cérebro, pelo cerebelo e pelo bulbo.
c) A medula espinhal é um tubo situado no interior do cérebro.
d) O sistema nervoso autônomo é o responsável pelos atos involuntários.

20. Onde está situado o encéfalo e como ele é formado?

21. Qual é a função do sistema nervoso?

22. O que é medula espinhal?

23. Qual é a função do bulbo e onde ele se localiza?

24. O que é o cerebelo e qual é a sua função?

25. O que é o cérebro?

26. O que é o sistema nervoso periférico?

27. Qual é a função do sistema nervoso autônomo?

28. Cite atividades que ocorrem no nosso corpo independentemente da nossa vontade:

Lembre que:

- No primeiro ano de vida, o cérebro duplica de tamanho. E esse aumento se deve ao desenvolvimento dos sentidos: **visão**, **audição**, **paladar**, **olfato** e **tato**.

- **Células fotossensíveis**: são células sensíveis à luz. Nos olhos humanos há dois tipos: os **cones** (possibilitam a visão em cores) e os **bastonetes** (permitem enxergar à noite).

- O **som** entra pelo **duto auditivo**, faz vibrar o tímpano, os ossículos (martelo, bigorna e estribo) e passa para o labirinto onde existe a **cóclea**: estrutura com milhares de minúsculos cílios que passam a mensagem sonora para o cérebro.

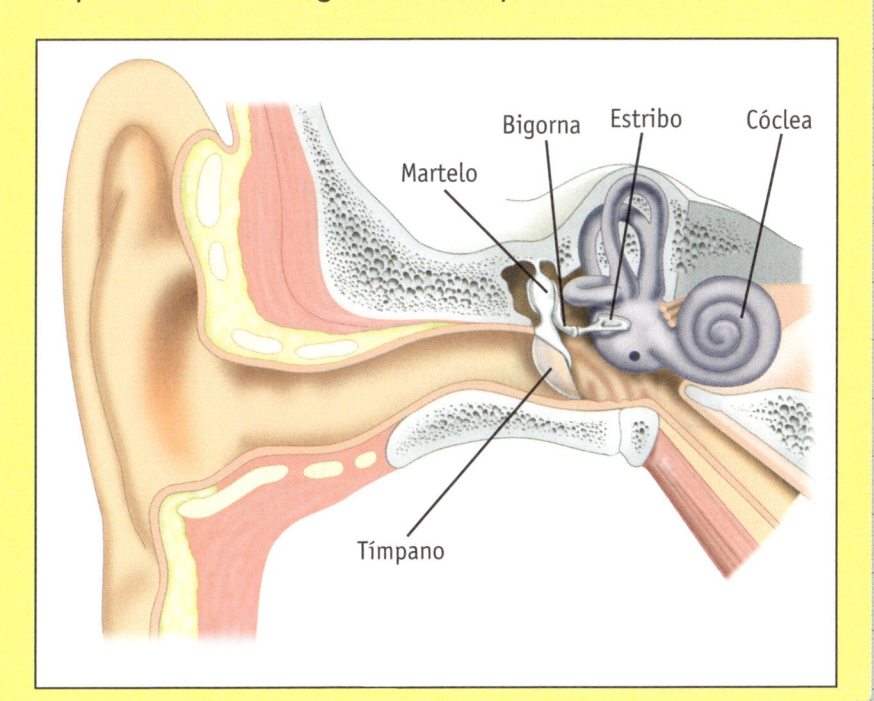

- **Papilas:** são pequenas estruturas existentes na língua pelas quais sentimos o sabor, formado por quatro sabores básicos: salgado, doce, amargo e azedo (ácido) e a combinação deles.

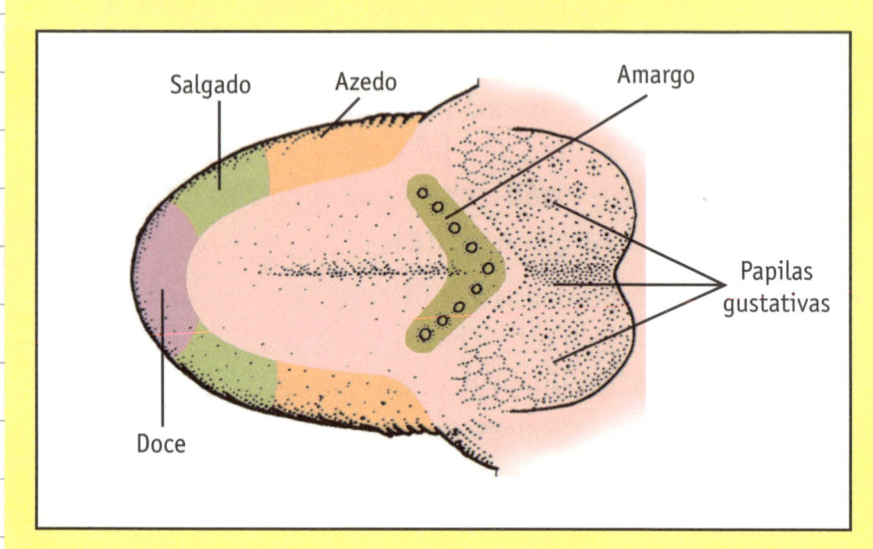

[Figura: língua com indicações — Salgado, Azedo, Amargo, Doce, Papilas gustativas]

- O **olfato** está ligado ao **paladar**. Isso explica porque quando ficamos gripados temos o olfato e o paladar diminuídos; sem o auxílio do olfato, torna-se difícil identificar o sabor dos diferentes alimentos.
- **Pele:** é o maior dos órgãos sensoriais. Nela há sensores que respondem à temperatura, à dor etc.
- **Dor:** mecanismo de defesa que impede que nos machuquemos seriamente.

29. Por que o cérebro duplica no primeiro ano de vida?

30. Quais são os nossos sentidos?

31. O que são células fotossensíveis?

32. Quais são as células fotossensíveis do olho? Qual a sua importância?

33. Como se chamam os três ossículos ligados ao tímpano?

34. Como é o caminho do som até o cérebro?

35. Que sabores a nossa língua consegue detectar?

36. Como sentimos o paladar dos alimentos?

37. Qual é o maior dos nossos órgãos sensoriais?

38. O que é dor? Para que serve?

39. Por que quando ficamos gripados torna-se difícil identificar o sabor dos diferentes alimentos?

40. Complete as frases com as palavras do quadro:

> órgãos - bastonetes - martelo
> amargo - ossículos - paladar
> salgado - papilas - azedo

a) Nos olhos humanos há dois tipos de células fotossensíveis: os cones e os _____.

b) Os _____ dos sentidos são cinco: visão, audição, paladar, olfato e tato.

c) Os _____ ligados ao tímpano são: _____, bigorna e estribo.

d) _____ são pequenas estruturas existentes na língua pelas quais sentimos o _____.

e) Nosso paladar consegue sentir quatro sabores básicos: _____, doce, _____ e _____ (ácido).

BLOCO 9

CONTEÚDOS:
- As diferenças e semelhanças entre os animais
- O comportamento animal
- A alimentação dos seres vivos
- A reprodução das plantas

- A maioria dos animais precisa de oxigênio para viver. Ele é obtido pela respiração.

Forma de respiração	Exemplos
Pulmões	Homem, aves, cavalo, cão, tartaruga...
Pele e pulmões	Sapo, rã, perereca...
Brânquias	Peixes
Superfície do corpo	Minhoca

Lembre que:

- Os animais são seres vivos. O conjunto de animais da natureza forma o **reino animal** ou a **fauna**.

- Os animais dependem da água para viver. Ela é necessária para as transformações químicas e para o transporte de substâncias que ocorrem no corpo.

Hábitat	Disponibilidade de água	Exemplos de animais
Terrestre	Os animais terrestres obtêm água por meio da alimentação e/ou bebendo água.	Homem, cão, girafa, rinoceronte...
Aquático	Os animais aquáticos vivem na água dos oceanos, rios e lagos.	Peixes, camarão, lagosta, baleia...

Animais	Características	Grupos/exemplos
Vertebrados	Têm coluna vertebral.	Mamíferos (homem, cão...), aves (galinha, papagaio...), peixes (tubarão, cavalo-marinho...), répteis (jacaré, cobra...), anfíbios (sapo, rã...).
Invertebrados	Não têm coluna vertebral.	Insetos, aracnídeos (aranhas, escorpiões e carrapatos), vermes, minhoca, crustáceos (camarão, siri...), moluscos (caracol, polvo...), estrela-do-mar...

Animais	Alimentação	Exemplos
Herbívoros	Vegetais	Cavalo, girafa, carneiro, boi...
Carnívoros	Carne de outros animais	Onça, leão, lobo, tigre, gato...
Onívoros	Vegetais e carne	Homem, galinha, peixe, porco, barata...

1. Complete as afirmações:

   a) O ambiente em que vivem os animais recebe o nome de _____.

   b) A maioria dos animais precisa de _____ para sobreviver.

   c) O conjunto de animais da natureza forma o _____.

   d) Em sua respiração, os animais absorvem o _____ do ar.

2. Escreva ao lado do nome do animal a sua forma de respiração:

   a) Tubarão
   b) Minhoca
   c) Cachorro
   d) Sapo
   e) Tartaruga
   f) Pombo
   g) Sardinha
   h) Pardal
   i) Gato
   j) Atum

3. Por que os animais precisam de água para sobreviver?

4. Como os animais terrestres obtêm água?

5. O que são animais aquáticos?

6. Como podemos classificar?

   a) animais carnívoros

   b) animais herbívoros

   c) animais onívoros

7. Como se chamam os animais que não têm coluna vertebral? Dê exemplos:

8. Como se dividem os animais vertebrados?

9. Dê exemplos de:

   a) mamíferos

   b) aves

   c) peixes

   d) répteis

   e) anfíbios

Lembre que:

- **Comportamento animal:** são as diferentes atividades dos animais em seu ambiente.

  - **Proteção à prole:** muitos animais cuidam de seus filhos.
    Ex.: Os mamíferos amamentam os filhotes até eles serem capazes de conseguir seu alimento.

  - **Cooperação:** é a associação de duas espécies de seres vivos com vantagens para ambas.
    Ex.: Nas fazendas de criação de gado, é comum observarmos certas aves, como o anu, comendo carrapatos, que atacam os bois.

  - **Defesa:** os animais agem de diferentes formas quando se sentem ameaçados.
    Ex.: A cascavel procura fugir quando se sente ameaçada. Se isso não é possível, ela se enrola, preparando o bote e agitando o seu guizo como sinal de alerta. Como último recurso, tenta picar o agressor ou invasor.

  - **Demarcação de território:** muitos animais marcam o seu território para evitar intrusos.

- **Território:** é o espaço utilizado por um animal para viver.
  Ex.: O cachorro marca o território com sua urina. O leão também faz isso. Ursos marcam árvores com suas unhas. E muitas aves cantam avisando intrusos para saírem do seu território.

10. O que é comportamento animal?

11. Cite alguns comportamentos dos animais:

12. Copie todas as frases, retirando o **não**, quando necessário, para que fiquem corretas:

a) A maioria dos peixes **não** cuida da sua prole, mas o aripuanã macho acompanha seus filhotes.

b) As aves **não** constroem ninhos e **não** buscam alimentos para seus filhotes.

c) Nas fazendas de criação de gado, **não** é comum observarmos anus comendo carrapatos, que atacam os bois.

d) A embaúba **não** fornece moradia às formigas.

13. O que é território?

14. O que é cooperação?

15. Por que muitos animais marcam o seu território?

16. Analisando cada frase abaixo, registre o comportamento animal:

a) A maioria dos peixes não cuida da sua prole, mas o aripuranã macho acompanha seus filhotes.

b) Nas fazendas de criação de gado, é comum observarmos certas aves, como o anu, comendo carrapatos, que atacam os bois.

c) Os cachorros e os leões urinam no espaço em que vivem para evitar intrusos.

d) Quando se sente ameaçada, a cascavel primeiro tenta fugir; em seguida, se enrola, preparando o bote e agitando o guizo; como último recurso, tenta picar o agressor ou invasor.

e) A embaúba é uma planta que fornece moradia e alimento às formigas. Estas retribuem expulsando os predadores da planta.

f) As aves constroem ninhos e buscam alimento para seus filhotes.

g) Os ursos marcam árvores com suas unhas para evitar intrusos.

17. Complete as frases usando as palavras do quadro abaixo:

> defesa - evitar - território
> ameaçados - comportamento
> atividades - espaço
> diferentes formas de agir

a) As diferentes _____ dos animais no seu ambiente constituem o seu _____.

b) Todo animal precisa de _____ para viver. O espaço utilizado por um animal chama-se _____.

c) Os animais demarcam seu território para _____ intrusos.

d) Os animais possuem _____ quando se sentem _____. Esses comportamentos são chamados de _____.

18. Responda:

O que determina o latido agressivo de um cão?

Os gatos podem se tornar agressivos quando ameaçados?

Lembre que:

- O homem, os outros animais e as plantas precisam de alimentos para viver.
- As plantas verdes (isto é, aquelas que possuem clorofila) e algumas bactérias conseguem produzir o próprio alimento.
- Os demais seres vivos alimentam-se de outros seres vivos. Por exemplo: a aranha come os insetos, que comem as plantas.
- Essa relação de dependência alimentar em que seres vivos se alimentam de outros seres vivos chama-se **cadeia alimentar.**

Observe os quadros e as figuras:

Produtores: seres vivos que produzem seu próprio alimento. Exemplo: plantas verdes e algumas bactérias.

Fotossíntese: processo realizado pela maioria dos produtores para fabricarem seu próprio alimento.

- raiz retira água e nutrientes minerais do solo
- (seiva bruta)
- gás carbônico absorvido pelas folhas.

luz é absorvida pela clorofila (substância verde existente nas folhas)

- glicose e outros alimentos são transportados para toda a planta (seiva elaborada)
- gás oxigênio liberado pelas folhas.

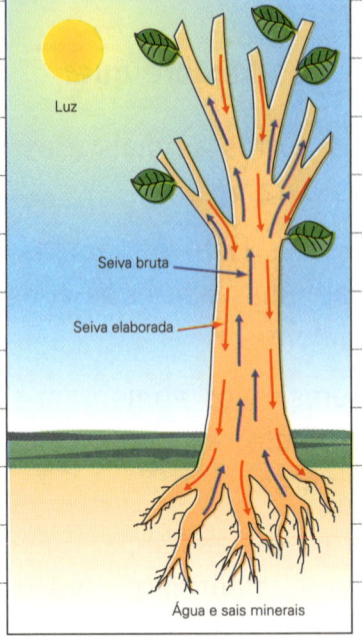

Processo de fotossíntese.

Consumidores: seres vivos que não produzem seu próprio alimento.

Consumidores	Característica	Exemplos
Herbívoros	Alimentam-se de vegetais.	Coelho, veado, anta, cavalo...
Carnívoros	Alimentam-se da carne de outros animais.	Onça, cobras, lobo-guará, leão...
Onívoros	Alimentam-se tanto de vegetais como de carne.	Homem, porco, galinha, barata, rato...

Decompositores: seres vivos que transformam plantas e animais mortos em adubo natural (nutrientes para fertilização do solo). Exemplos: fungos e bactérias.

Cadeia alimentar

Energia solar.

A vaca alimenta a onça.

A onça morre e seu corpo é decomposto por bactérias e fungos, formando sais minerais.

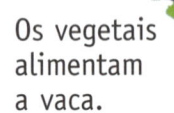

Os vegetais alimentam a vaca.

Os sais minerais produzidos na decomposição fertilizam o solo e são absorvidos pelas plantas.

Lembre que:

A figura representa a relação de dependência alimentar entre vários seres vivos. O ponto de partida é a energia luminosa, que permite a síntese de nutrientes pelas plantas.

19. O que é uma cadeia alimentar?

20. Como são chamados os seres que fabricam seu próprio alimento? Dê exemplos:

21. Como são chamados os seres que não fabricam seu próprio alimento? Dê exemplos:

22. Quais são os seres decompositores? Qual é a sua função?

23. O que é clorofila e qual é a sua importância na fotossíntese?

24. O que são animais onívoros? Dê exemplos:

25. Por que as plantas verdes são chamadas de seres produtores da cadeia alimentar?

26. O que é fotossíntese?

27. O que é seiva bruta e seiva elaborada?

28. Complete as afirmações:

   a) A onça é um exemplo de animal _____.

   b) Os _____ e as _____ transformam as plantas e os animais mortos em substâncias importantes para a fertilização do solo.

   c) Em uma cadeia alimentar, as plantas verdes são os _____.

   d) A clorofila, existente nas folhas da maioria das plantas, absorve a _____, necessária para que a _____ ocorra.

   e) O cavalo é um exemplo de animal _____ porque se alimenta de _____.

29. Pesquise em jornais ou revistas, recorte e cole um exemplo de ser vivo produtor e um exemplo de ser vivo consumidor:

Lembre que:

- Como todo ser vivo, as plantas se reproduzem, dando origem a novas plantas.

flor: parte responsável pela reprodução da maioria das plantas.
- **androceu:** órgão de reprodução masculino.
  - estames
    - **anteras:** onde se formam os grãos de pólen.
- **gineceu:** órgão de reprodução feminino.
  - **ovário:** onde se formam os óvulos.

- **Fecundação:** ocorre quando o grão de pólen se une ao óvulo, que se desenvolve e forma a semente; o ovário cresce e transforma-se em fruto.

- **Polinização:** transporte de pólen do androceu para o gineceu de uma mesma flor ou de uma flor para outra do mesmo tipo. Pode ser feito pelo vento, pela água, pelos pássaros ou pelos insetos.

- **Germinação:** é o desenvolvimento do embrião que está no interior da semente. Ele forma uma nova planta.

- A germinação e a floração dependem de fatores ambientais, como solo e umidade adequados, duração do dia etc.

- Há plantas que se reproduzem a partir de pedaços de caule (estaquia), dando origem a plantas com as características da planta matriz. Há também plantas que se reproduzem por meio de folhas. Exemplos: a violeta-africana e a folha-da-fortuna.

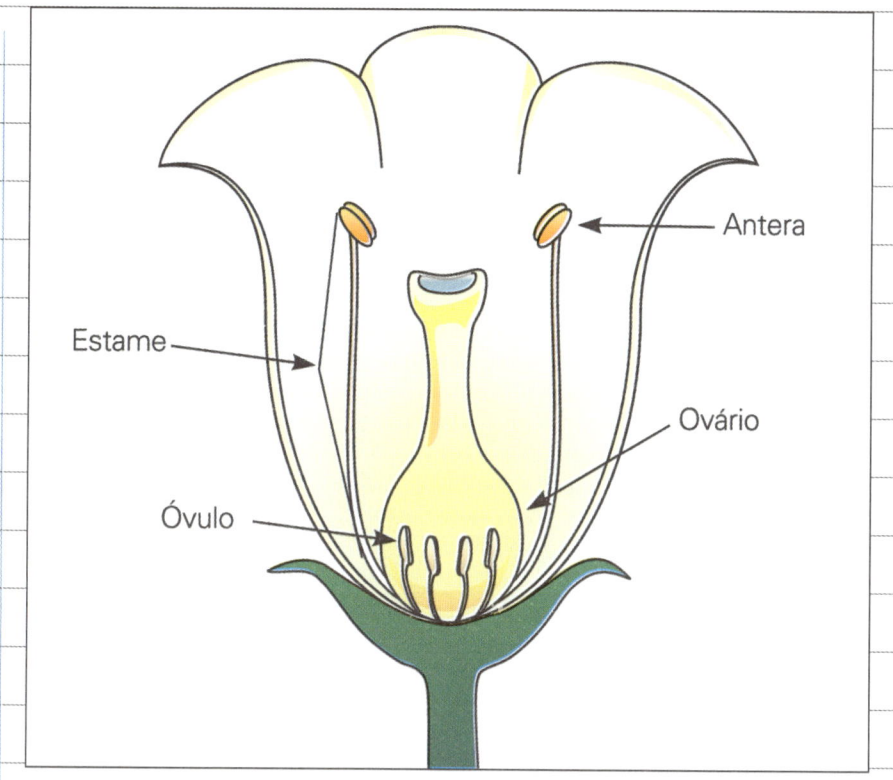

Esquema de uma flor e os órgãos de reprodução (cores-fantasia).

30. O que é flor?

31. O que é androceu?

32. O que é gineceu?

33. Onde se formam os grãos de pólen e os óvulos?

34. O que é polinização?

35. Quais são os agentes da polinização?

36. Como se reproduzem as plantas?

37. Como se chama o desenvolvimento do embrião da semente?

38. De que outras maneiras as plantas se reproduzem?

39. Marque com um x a alternativa correta:

a) ( ) Os óvulos se encontram no androceu.

b) ( ) O pólen é importante para que ocorra a fecundação.

c) ( ) Os óvulos são fecundados pelos grãos de pólen.

40. Que fatores influenciam a floração e a germinação?

41. Quando ocorre a fecundação?

42. Após a fecundação, que transformação a flor sofre?

43. Pesquise nomes e figuras de plantas que se reproduzem por sementes, pedaços de caule e folhas e cole aqui um exemplo de cada uma:

a) sementes

b) pedaços de caule

c) folhas

BLOCO 10

CONTEÚDOS:

- Os efeitos da poluição sonora
- A interferência do ser humano nas cadeias alimentares
- O uso correto de medicamentos
- Os perigos do fumo e do álcool
- Os primeiros socorros

Lembre que:

- **Poluição sonora:** é a ocorrência de um nível de ruído muito alto, às vezes, superior ao nível que a audição humana pode suportar, que está entre 80 e 120 decibéis (unidade de medida da intensidade do som) ou, se duradouro, até 65 decibéis.
  - locais com nível de ruído muito alto: certas fábricas, ruas congestionadas, bares, cinemas, espetáculos ao vivo, carros de som etc.
  - danos à saúde: perda de audição, irritabilidade, nervosismo e cansaço.

1. Quais situações ou locais apresentam um nível de ruído muito alto?

2. O que é poluição sonora?

3. Como se mede a intensidade do som?

4. O que pode provocar à nossa saúde um ruído com intensidade maior que 65 decibéis por longo tempo?

5. Quantos decibéis a audição humana pode suportar?

6. Troque os números pelas sílabas correspondentes e forme uma frase:

1	2	3	4	5	6	7	8	9
ru	nos	po	ma	di	do	tes	cau	per
10	11	12	13	14	15	16	17	18
sar	da	í	ção	à	O	men	au	de

15 1-12-6 3-18 8-10 11-2
9-4-16-7 14 17-5-13.

7. Complete as frases:

a) O homem pode _____ ruídos altos, entre _____ e _____ decibéis.

b) Ruídos acima de 125 decibéis podem causar _____ permanentes à saúde.

c) Quando o ruído for _____, não deve passar de 65 decibéis.

8. Pesquise e registre:

a) Algumas profissões que estejam expostas a ruídos intensos:

b) Equipamentos que podem proteger a audição dos profissionais citados na letra a:

9. Cite alguns lugares onde existe a poluição sonora:

Lembre que:

As cadeias alimentares são fundamentais para o equilíbrio da natureza. Infelizmente, o ser humano interfere nelas de muitas maneiras, às vezes com resultados catastróficos.

- **Agrotóxicos:** substâncias químicas usadas para controlar as pragas da agricultura.
  - efeitos: contaminam o solo, as águas, as plantas, os herbívoros ao comerem as plantas e os carnívoros ao comerem os herbívoros.
  O acúmulo de agrotóxicos no organismo pode ser mortal. Tudo indica que o desaparecimento de muitas aves de algumas regiões agrícolas, no estado de São Paulo e em outras regiões do país deve-se ao uso de agrotóxicos.
- **Caça e pesca:** quando praticadas de modo irresponsável e sem critério interferem nas cadeias alimentares, causando um desequilíbrio ao reduzir uma determinada população animal e contribuem para o aumento de outra.
  Até o início dos anos 1990, a caça indiscriminada reduziu muito a população de jacarés no Pantanal Mato-Grossense. Os jacarés estão entre os principais predadores das piranhas. Com a redução dos jacarés, aumentou a população das piranhas.
  A pesca predatória também contribuiu para o aumento das piranhas. Muitos dos peixes pescados comercialmente na região também eram predadores de piranhas.
- **Monoculturas:** grandes plantações de apenas um tipo de alimento. Exemplos: cana-de-açúcar, café, laranja, eucalipto etc.
  Interferem nas cadeias alimentares, pois reduzem o alimento disponível no início da cadeia a apenas um tipo de alimento vegetal. Assim, os herbívoros ficam com uma única opção de alimento.
  As monoculturas exigem aplicação constante de inseticidas porque atraem muitos insetos.

10. O que você entende por cadeia alimentar?

11. O que são agrotóxicos?

12. Como a caça e a pesca irresponsáveis interferem nas cadeias alimentares?

13. O que é monocultura?

14. De que maneira a monocultura interfere na cadeia alimentar?

15. Explique como se dá a contaminação dos carnívoros pelos agrotóxicos.

16. Complete as frases preenchendo os espaços:

a) Os _____ são utilizados para controlar as pragas das lavouras.

b) Em geral, a produção agrícola é organizada em _____ de um só tipo, chamadas _____.

c) As _____ são fundamentais para o equilíbrio da natureza.

d) Os _____ se contaminam ao comer plantas contaminadas com agrotóxicos.

17. Troque os números pelas sílabas correspondentes e forme uma frase. Oriente-se pelo quadro:

1	2	3	4	5	6	7	8	9	10
ter	fal	li	e	pes	za	A	mas	de	tu
11	12	13	14	15	16	17	18	19	20
na	men	cri	fe	ri	as	qui	o	ca	re
21	22	23	24	25	26	27	28	29	30
bran	ta	a	ça	se	in	té	do	dei	res

7 2-22 9 13-27-15-18 11
19-24 4 11 5-19 26-1-14-20
8 19-29-16 23-3-12-22-30
9-25-17-3-21-28
23 11-10-20-6.

18. Cite exemplos de monoculturas.

Lembre que:

- **Automedicação** é a prática de tomar remédios por conta própria, sem consultar um médico. Isso pode levar à intoxicação pelo medicamento e até à morte.
- Para alcançar a cura de uma doença, é fundamental procurar ajuda médica.

19. O que devemos fazer quando estamos doentes?

20. Copie apenas as afirmações corretas:

   a) É muito importante termos boa saúde.

   b) Quando ficamos doentes, devemos encarar a situação com irresponsabilidade.

   c) Procurar ajuda médica é fundamental para alcançar a cura.

   d) As pessoas que usam remédios por conta própria não correm risco de adoecer.

21. O que é automedicação?

22. O que pode acontecer com uma pessoa que se automedica?

23. Escreva F para falso e V para verdadeiro:

   ( ) Qualquer pessoa pode medicar-se.
   ( ) Deve-se procurar um médico em caso de doença.
   ( ) O uso incorreto de um medicamento pode levar à morte.
   ( ) Só o médico deve medicar.
   ( ) Deve-se buscar a cura para uma doença, com responsabilidade.

24. Procure saber se, entre as pessoas que você conhece, alguém já se automedicou e se houve algum problema.

Lembre que:

- O **fumo** e o **álcool** são prejudiciais à saúde do ser humano.

	Características	Doença/Efeitos
Fumo	cigarro é feito de: - tabaco: planta que tem nicotina, substância tóxica usada para matar parasitas; - alcatrão: substância que pode causar dependência; - milhares de outras substâncias tóxicas.	- úlcera estomacal - aneurisma - trombose vascular - complicações na gravidez - câncer de pulmão - outras doenças pulmonares
Álcool	- o álcool é produzido pela fermentação de açúcares contidos em frutas, grãos e em caules. - bebidas alcoólicas podem tornar as pessoas dependentes (alcoólatras).	- falta de equilíbrio - visão turva - sonolência - perda dos reflexos nervosos - câncer - cirrose hepática - danos ao cérebro

25. Identifique as palavras do quadro pela descrição:

cirrose hepática - câncer de pulmão
tabaco - bebidas alcoólicas - nicotina

a) Substância tóxica, muito usada para matar parasitas:

b) Planta que possui nicotina:

c) Doença que os fumantes podem contrair:

d) Substâncias que podem tornar as pessoas alcoólatras:

e) Doença causada pelos efeitos do álcool no organismo:

26. Cite efeitos do álcool no organismo:

27. Por que fumar pode viciar?

28. Quais doenças podem ser causadas pelo cigarro?

29. Quais doenças podem ser causadas pelo álcool?

30. Escreva uma frase para alertar sobre o perigo do fumo e do álcool:

Primeiros Socorro

São medidas que podemos tomar para ajudar uma pessoa em casos de emergência.

Qualquer pessoa pode ajudar, desde que saiba o que fazer, até a chegada do médico ou do pessoal especializado que remove a vítima para o hospital.

A seguir, veja orientações de como agir em situações de emergência.

Em casos de queimaduras leves

- Colocar água fria na área atingida no mínimo por 3 minutos.
- Não tocar nas queimaduras nem furar as bolhas que se formam na pele.
- Tomar líquidos (água, leite etc.).
- Nunca usar algodão ou material semelhante para cobrir a queimadura.
- Não aplicar loções ou pomadas nos lugares afetados.
- Procurar um pronto-socorro, um posto de saúde ou um médico.

Em casos de choque elétrico

- Desligar a chave geral antes de tocar na vítima.
- Se a pessoa estiver "grudada" em fios elétricos, não encoste nela nem nos fios.

- Quem vai socorrer a vítima deve pisar em madeira seca, vidro, couro, borracha ou papel e puxar a vítima com material isolante, como pedaços de madeira, para não levar choque também.
- Se a língua da vítima estiver enrolada, puxá-la para fora, para evitar asfixia.
- Desapertar as roupas da vítima, para que ela respire livremente.
- A respiração boca a boca só pode ser feita por quem conhece essa técnica.
- Procurar um pronto-socorro, um posto de saúde ou um médico.

Em caso de fraturas

- Em caso de fratura, imobilizar o membro fraturado o mais próximo possível de sua posição normal.
- Colocar talas sustentando o membro atingido. Não tente puxar o osso para sua posição natural.
- Leve a vítima ao médico o mais rápido possível.
- Se a fratura for na cabeça ou na coluna vertebral, deve-se manter a vítima imóvel até a chegada de um médico.

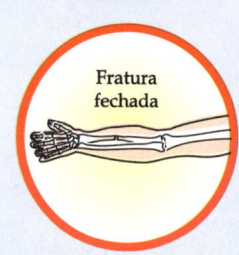

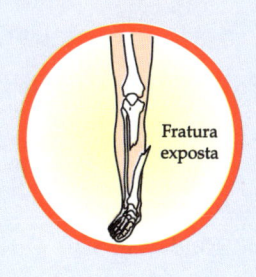

Fratura fechada

Fratura exposta

Em caso de afogamento

- Deitar a vítima de bruços ou abaixar-lhe a cabeça, para limpar as vias respiratórias.
- Pressionar os pulmões para eliminar a água.
- Se a vítima estiver respirando, coloque-a deitada de lado.
- Agasalhar a vítima e levá-la a um hospital.

Em caso de hemorragia

Hemorragia é a perda de sangue causada pelo rompimento dos vasos sanguíneos.

Se a hemorragia for nasal, devemos:

- Colocar a cabeça da pessoa levemente inclinada para trás.
- Comprimir-lhe as narinas durante alguns minutos.
- Colocar sobre o nariz uma toalha molhada em água gelada ou um saco de gelo.
- Se a hemorragia não parar, coloque um tampão de gaze por dentro da narina e um pano ou toalha fria sobre o nariz.

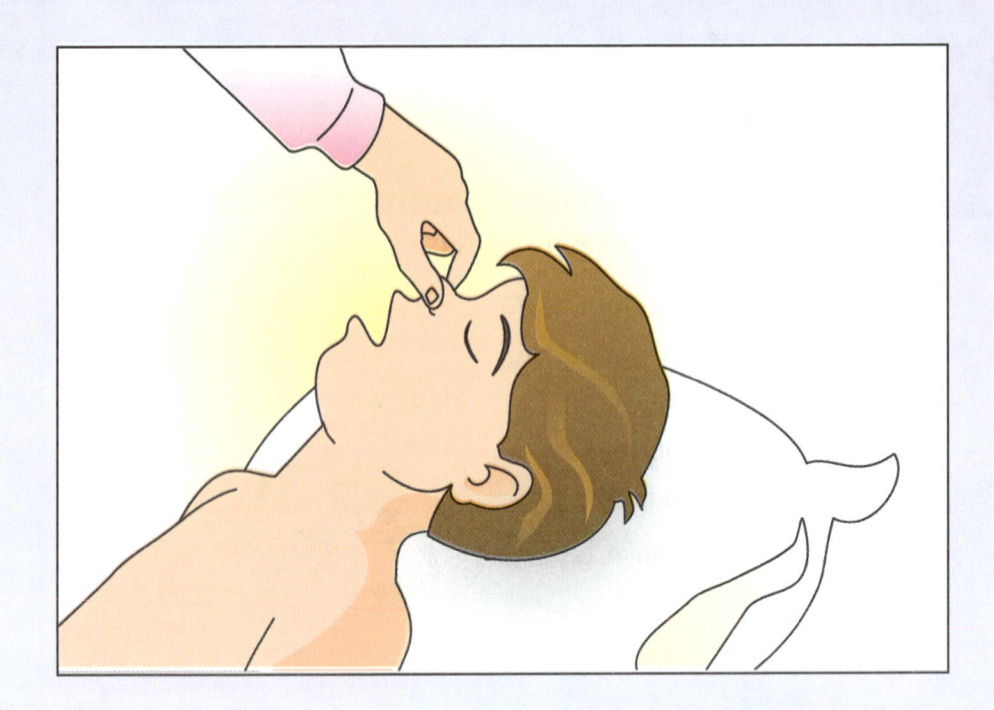

- Aproximar rapidamente do nariz um algodão embebido em álcool ou vinagre, sem tapá-lo.
- Manter o ambiente bem arejado.
- Procurar um pronto-socorro, um posto de saúde ou um médico.

Em caso de ferimentos leves

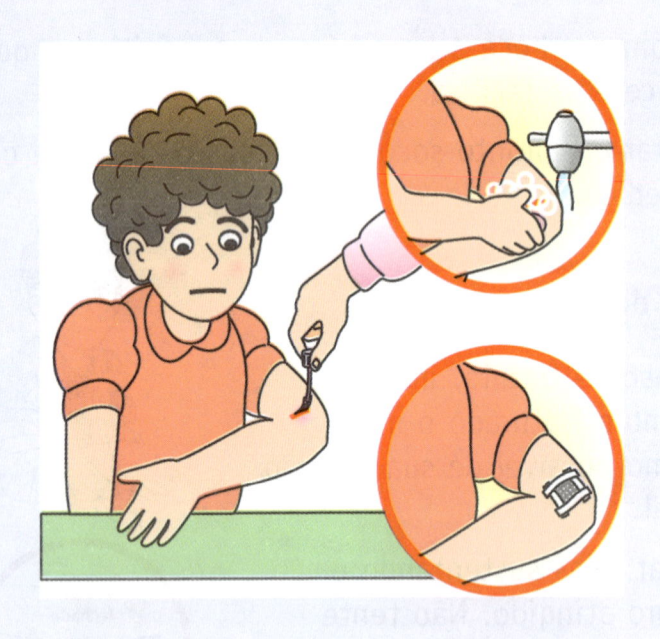

Para estancar hemorragias em outras regiões do corpo, recomenda-se:

- Cobrir a área do sangramento com um pano bem limpo e segurá-lo fazendo uma leve pressão para diminuir a perda de sangue.
- Se a hemorragia não parar em poucos minutos, levar a vítima para um hospital.

Em caso de desmaio

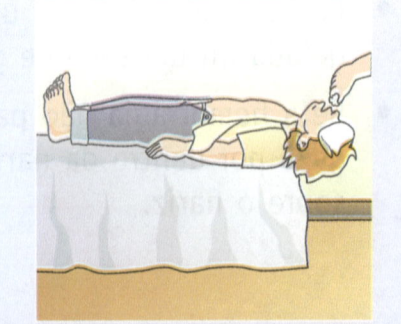

- Colocar a pessoa deitada, com a cabeça mais baixa que o corpo.
- Desapertar-lhe a roupa.
- Aplicar compressas de água fria no rosto e na testa.

- Lavar o ferimento suavemente com água limpa e sabão, removendo a sujeira com gaze esterilizada ou pano limpo.
- Pressionar, fechando a abertura do corte para estancar o sangue.
- Fazer um curativo com tintura de iodo, cobrindo a área afetada com gaze e esparadrapo.
- Caso a pessoa não tenha tomado soro ou vacina antitetânica nos últimos três anos, consultar um médico sobre a necessidade de uma nova dose.

31. O que são primeiros socorros?

32. Quais são as primeiras medidas que uma criança deve adotar quando ocorre um acidente?

33. Como devemos proceder:

   a) Em casos de afogamento?

   b) Em casos de choque elétrico?

34. Marque com um x as afirmações certas:

( ) O nervosismo atrapalha o processo de primeiros socorros.
( ) Só os médicos podem prestar os primeiros socorros.
( ) Os primeiros socorros só devem ser realizados num hospital.
( ) Deve-se colocar água fria no local da queimadura.

Pipa, papagaio, quadrado, arraia

Este divertido brinquedo de empinar tem muitos nomes diferentes, conforme a região do Brasil. Qualquer que seja o nome que tiver no lugar em que você está, preste atenção aos cuidados de segurança que deve tomar:

- Nunca solte pipas perto da rede elétrica, procure locais abertos para brincar. Perto de aeroportos também é perigoso, porque a pipa pode atingir um avião e causar acidentes.

- Prefira as pipas sem rabiolas. Elas têm menor chance de enroscar nos fios elétricos, em árvores e em outros locais.

- Nunca faça pipas com papel laminado nem utilize linhas metálicas. O risco de acidentes com a rede elétrica é imenso.

- Nunca tente recuperar uma pipa enroscada na rede elétrica, muitas pessoas sofrem acidentes graves, principalmente se usarem cabos metálicos, bambus, vergalhões, objetos molhados e outros materiais.

- Ao primeiro sinal de chuva, pare a brincadeira. A pipa funciona como um para-raios, conduzindo energia e provocando choque.

- Cuidado com ciclistas e motoqueiros. Como é difícil enxergar a linha, eles podem se machucar.

- Nunca use cerol (linha em que se passa cola misturada com vidro moído). Seu uso é proibido por lei.

- Nunca corra atrás de uma pipa perdida, corre-se o risco de ser atropelado.

- Não empine pipa em cima de lajes ou telhados, os riscos de acidentes aumentam.

- Cuidado ao andar de costas na hora de empinar pipa, pode haver buracos e outros perigos atrás de você.

Atividade complementar

• Coleção de mamíferos do mundo

Para você começar sua coleção de cartões de mamíferos, monte a caixinha da cartela 1. Nela você vai guardar os cartões recortados das cartelas 2, 3, 4 e 5.

Com a sua coleção de cartões você pode jogar o Jogo do Mico.

As regras do jogo são estas:

- O jogo é para dois ou quatro jogadores.

- Se forem dois jogadores, escolha um animal para ser o mico. O par desse animal deve ser retirado do jogo.

- Se forem quatro jogadores, dois animais devem ser escolhidos como micos. O par de cada animal deve ser retirado do baralho.

- Embaralhem os cartões e distribuam entre os jogadores.

- Abram os cartões em leque na mão e formem os pares. Coloquem sobre a mesa os pares formados.

- Um jogador tira um cartão do colega seguinte. Se fizer um par, coloca-o sobre a mesa. Se não fizer, fica com o cartão na mão.

- Os colegas seguintes fazem a mesma coisa.

- O jogo continua com os jogadores fazendo pares. Como o mico não tem par, alguém vai ficar com ele na mão depois que todos os pares forem feitos.

- Ao final do jogo, perde aquele que ficar com o mico na mão.

Cartela 1

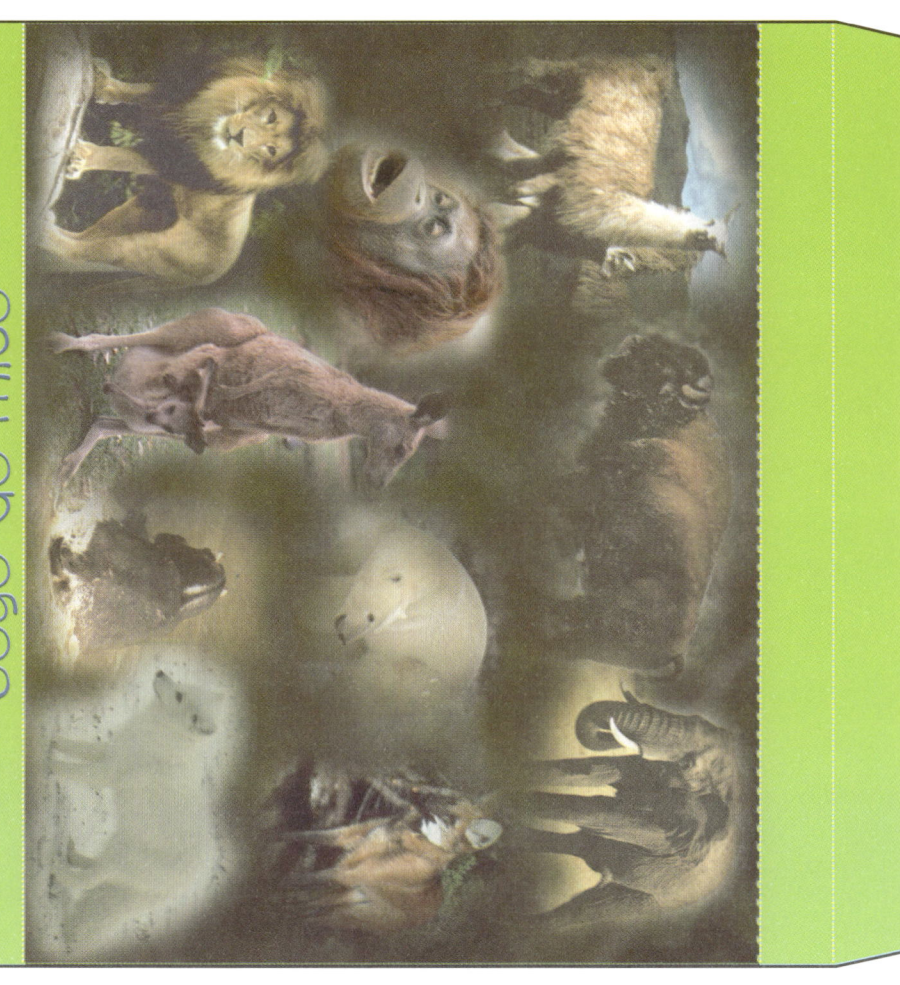

colar aqui

Jogo do Mico

colar aqui

Colar

Dobrar

Cortar

Cartela 2

Rinoceronte-negro *(Diceros bicornis)*

Tamanho: 1,50 metro de altura e 1.400 quilos (macho).
Onde vive: na África.
Tempo de vida: 20 anos.
O que come: plantas.
Predadores: não tem.
Reprodução: gestação de 18 meses, com nascimento de apenas 1 filhote.
Comportamento: vive em bandos, tem excelente olfato e ataca quando sente o cheiro humano.
Ameaça: os caçadores, que matam esse belo animal apenas para cortar os chifres.

Jaguatirica *(Felis pardalis)*

Tamanho: 1 metro de comprimento e cerca de 15 quilos (macho).
Onde vive: nas Américas.
Tempo de vida: cerca de 20 anos.
O que come: coelhos, porcos selvagens, lagartos, rãs e peixes.
Predadores: não tem.
Reprodução: gestação de 70 dias, com nascimento de 2 a 4 filhotes.
Comportamento: caça durante a noite e só vive em grupo no tempo da reprodução.
Ameaças: a caça e a destruição do ambiente em que vive.

Hipopótamo *(Hippopotamus amphibius)*

Tamanho: 4.000 quilos de peso e 1,50 metro de altura (macho).
Onde vive: no vale do Rio Nilo, na África.
Tempo de vida: 40 anos.
O que come: plantas rasteiras.
Predadores: jacarés atacam filhotes.
Reprodução: gestação de 230 dias, com nascimento de 1 filhote.
Comportamento: vive imerso nos rios, em grandes bandos; dorme durante o dia e pasta à noite na vegetação da margem; é agressivo e não teme o homem.
Ameaça: os caçadores.

Tigre *(Panthera tigris)*

Tamanho: 3 metros de comprimento e 300 quilos (macho).
Onde vive: na Índia, na China e na Indonésia.
Tempo de vida: 10 a 15 anos.
O que come: veados, peixes e bois.
Predadores: não tem.
Reprodução: duas crias por ano.
Comportamento: solitário, exceto nos momentos da reprodução.
Ameaça: a transformação de seu ambiente em plantações.

Cartela 3

Urso-negro (*Ursus americanus*)
Tamanho: 300 quilos e quase 2 metros de altura.
Onde vive: Alaska, Canadá, Estados Unidos e México. O que vive nos Estados Unidos é negro. Nas demais regiões pode ser creme ou cinzento.
Tempo de vida: 30 anos.
O que come: raízes, frutos, insetos, mel e, de vez em quando, pequenos mamíferos.
Predadores: não tem.
Reprodução: dois filhotes a cada dois anos, com gestação de 220 dias.
Comportamento: dorme durante o dia e sai à noite para explorar o ambiente; é solitário.
Ameaça: os caçadores.

Girafa (*Giraffa camelopardalis*)
Tamanho: 5 metros de altura, sendo 3 metros de pescoço.
Onde vive: na África.
Tempo de vida: 25 anos.
O que come: folhas de mimosa e acácia.
Predadores: leão.
Reprodução: 15 meses de gravidez, com nascimento de 1 filhote.
Comportamento: vive em bando e quando assustada sai à galope. Quando ameaçada, ela dá coices.
Ameaça: a destruição do ambiente em que vive.

Panda-gigante (*Ailuropoda melanoleuca*)
Tamanho: 1,50 metro de altura e 160 quilos.
Onde vive: nas florestas de bambu das montanhas da China.
Tempo de vida: 25 anos.
O que come: folhas tenras e brotos de bambu, frutos, pequenos mamíferos, peixes, insetos.
Predadores: não tem.
Reprodução: 112 a 163 dias, com nascimento de 1 filhote.
Comportamento: vida solitária; passa o dia comendo bambu; abriga-se sob as árvores e em cavernas.
Ameaças: a devastação das florestas e a caça, que estão tornando esta espécie cada vez mais rara.

Canguru-cinza (*Macropus giganteus*)
Tamanho: 80 quilos e 1,60 metro de altura.
Onde vive: na Austrália e na Nova Zelândia.
Tempo de vida: 18 anos.
O que come: plantas.
Predadores: dingo.
Reprodução: o filhote nasce depois de alguns dias de gestação e completa o desenvolvimento na bolsa do ventre da mãe.
Comportamento: viaja em pequenos grupos dominados pelo macho mais forte.
Ameaça: os caçadores.

Cartela 4

Preguiça (*Bradypus tridatylus*)

Tamanho: 60 cm de comprimento e 8 quilos (macho).
Onde vive: nas florestas da América do Sul.
Tempo de vida: 20 anos.
O que come: folhas e frutos.
Predadores: onça.
Reprodução: 1 filhote por ano, depois de 180 dias de gestação.
Comportamento: hábitos solitários; passa a vida nas árvores, onde se alimenta, se acasala e tem filhotes; tem movimentos lentos, mas é boa nadadora.
Ameaça: a destruição do ambiente em que vive.

Elefante-africano (*Loxodonta africana*)

Tamanho: 3,70 metros de altura e 5.000 quilos.
Onde vive: na África.
Tempo de vida: entre 60 e 70 anos.
O que come: folhas, raízes, frutos, cascas; come cerca de 300 quilos de comida por dia e bebe 190 litros de água.
Predadores: os filhotes são atacados por leões, hienas e cobras.
Reprodução: gestação de 22 meses, com 1 filhote a cada 5 anos.
Comportamento: vida em bandos que podem chegar a 200 elefantes; os machos saem do grupo quando jovens; cada fêmea lidera seus filhos e netos.
Ameaças: caçadores e a destruição do ambiente em que vive.

Onça (*Panthera onca*)

Tamanho: o macho tem 1,80 metro de comprimento e pesa 140 quilos.
Onde vive: dos Estados Unidos à Argentina.
Tempo de vida: 20 anos.
O que come: veados, capivaras, antas, pacas e peixes.
Predadores: não tem.
Reprodução: 3 filhotes a cada ninhada, após 110 dias de gestação.
Comportamento: vida solitária; a fêmea cria os filhotes sozinha.
Ameaças: a caça e a destruição do ambiente em que vive.

Tamanduá-bandeira (*Myrmecophaga tridactyla*)

Tamanho: 1,20 metro de comprimento e 39 quilos (macho).
Onde vive: do Brasil até a Argentina.
Tempo de vida: 25 anos.
O que come: com as garras abre os cupinzeiros e colhe os cupins com a língua pegajosa; também come formigas.
Predadores: não tem.
Reprodução: 1 filhote a cada parto após gestação de 190 dias.
Comportamento: vida solitária, exceto na época da reprodução ou enquanto a mãe cuida do filhote.
Ameaças: a caça e a destruição do ambiente em que vive; também morre pelo fogo, pois seu pelo é altamente inflamável, ou atropelado, ao cruzar as estradas.

Cartela 5

✂ RECORTE SOBRE A LINHA

Capivara (*Hydrochaeris hydrochaeris*)

Tamanho: o macho tem 1,30 metro de comprimento, 50 cm de altura e 60 quilos, sendo o maior roedor do mundo.
Onde vive: em toda a América Latina, à beira da água.
Tempo de vida: 10 anos.
O que come: folhas, talos e algas.
Predadores: onça, jacaré e piranhas.
Reprodução: gestação de 150 dias, com nascimento de 4 a 6 filhotes.
Comportamento: vive em manadas e procura alimento durante o entardecer; é boa nadadora e se esconde dos predadores submersa, só com o nariz para fora.
Ameaça: o homem, que caça esse animal para comer e para tirar o couro e a banha.

✂ RECORTE SOBRE A LINHA

Anta ou tapir (*Tapirus terrestris*)

Tamanho: 2 metros de comprimento, 1 metro de altura e 200 quilos (macho).
Onde vive: na América do Sul.
Tempo de vida: 20 anos.
O que come: folhas, caules e raízes.
Predadores: onça.
Reprodução: gestação de 1 ano, com nascimento de apenas 1 filhote.
Comportamento: vive solitário, formando grupos apenas na época da reprodução; pasta durante a noite na beira dos rios.
Ameaças: os caçadores e a destruição do ambiente em que vive.

Leão (*Panthera leo*)

Tamanho: 1,20 metro de altura, 2,50 metros de comprimento e cerca de 260 quilos (macho).
Onde vive: na África e na Ásia.
Tempo de vida: 30 anos.
O que come: caçador de zebras, antílopes e girafas.
Predadores: não tem.
Reprodução: gestação de 120 dias, com 3 filhotes a cada parto.
Comportamento: vive e caça em grupo.
Ameaças: é caçado por seres humanos e seu ambiente está sendo destruído. Muitos vivem em reservas.

✂ RECORTE SOBRE A LINHA

Lobo-guará (*Chrysocyon brachyurus*)

Tamanho: 1,30 metro de comprimento, 1 metro de altura e 23 quilos (macho).
Onde vive: nos campos da América do Sul.
Tempo de vida: 15 anos.
O que come: frutos, pequenos roedores, peixes, rãs e insetos.
Predadores: onça.
Reprodução: cria de 1 a 6 filhotes, após 67 dias de gestação.
Comportamento: tem uma companheira a vida toda, mas vive solitário e se junta a ela na época da reprodução.
Ameaças: a destruição do ambiente em que vive, a caça e a captura para zoológicos.

✂ RECORTE SOBRE A LINHA